EUROPA
NEU ENTDECKT

München, im Oktober 1996

KÜCHEN DER WELT

EUROPA NEU ENTDECKT

CORNELIA ADAM

Originalrezepte und Interessantes
über Land und Leute
Rezeptfotos: FoodPhotography Eising

HIER!!! Fris van 't VAT
250 Soorten Drank
Lucifer
BIERACADEMIE
250 SOORTEN DRANK

1 Slowenien
2 Kroatien
3 Bosnien-Herzegowina
4 Serbien
5 Montenegro
6 Makedonien
N
0 250 500 km
Färöer (Dän.)
Atlantik
Nordsee
Norwegen
Schweden
Finnland
Estland
Rußland
Lettland
Litauen
Dänemark
Ostsee
zu Rußld.
Nord-irland
Irland
Groß-britannien
Weißrußland
Nieder-lande
Deutschland
Polen
Belgien
Luxem-burg
Tschechische Rep.
Slowakische Rep.
Ukraine
Moldawien
Frankreich
Schweiz
Österreich
Ungarn
Rumänien
Schwarzes Meer
Portugal
Spanien
Italien
Bulgarien
Alba-nien
Türkei
Griechenland
Mittelmeer
1
2
3
4
5
6

INHALT

EUROPA NEU ENTDECKT:

Der Legende nach erhielt der europäische Kontinent seinen Namen von der Tochter eines phönizischen Königs. Zeus, der griechische Göttervater war von ihr so fasziniert, daß er sich in einen Stier verwandelte und die Europa auf seinem Rücken nach Kreta entführte.
Auch heute hat Europa als Kontinent nichts von seiner Faszination verloren. Er erstreckt sich über verschiedene Klimazonen, vom Eismeer im Norden, bis zum Mittelmeer im Süden. Im Westen ist er vom Atlantik, im Osten vom Ural, dem Schwarzen Meer und dem Bosporus begrenzt. Die vielfältigen Landschaften mit ihren Meeren, stark zerklüfteten Küstengebieten, Inseln und Halbinseln sowie imposanten Gebirgszügen im Landesinneren haben zur Entstehung vieler verschiedener Kulturen auf engstem Raum beigetragen.
Daß auf diesem Erdteil so viele Menschen unterschiedlichster Nationalitäten, Sprachen und Mentalitäten vereint sind, führte zu einer sehr wechselvollen Geschichte, aber auch zu fruchtbarem Austausch in Wirtschaft und Handel sowie der Kunst, Musik, Literatur und Architektur.
Eine Reise durch den europäischen Kontinent verspricht also Spannung und Abwechslung, denn jedes Land lockt mit seinen eigenen Naturschönheiten, Sehenswürdigkeiten, Traditionen und natürlich Kochkünsten. Das Vergnügen, diese Länder und ihre Bewohner kennenzulernen, ist noch gewachsen, seit sich die Grenzen des ehemaligen Ostblocks geöffnet haben. In diesem Buch werden Gerichte aus den europäischen Ländern vorgestellt, die zwar vielbesucht sind, deren Spezialitäten aber bis auf wenige Rezepte immer noch im Schatten der »großen« europäischen Küchen stehen. Es lohnt sich jedoch, einen Blick in die Kochtöpfe dieses kulinarisch vielversprechenden Europas zu werfen. Lernen Sie die wunderbaren Fischgerichte und sommerlichen Beerendesserts der Skandinavier kennen. Probieren Sie die zarten Rind- und Lammfleischgerichte, die man in Großbritannien serviert. Sie lieben es deftig? Dann wird Ihnen das Essen in den Niederlanden und Luxemburg schmecken und die etwas feinere belgische Variante. Wie Sie mit den unterschiedlichsten Käsesorten phantasievolle Gerichte zaubern, können Sie von der Schweizer Küche lernen, aber auch deren Kuchen werden eine unwiderstehliche Anziehungskraft auf Sie ausüben. Und wer würde nicht gerne zugreifen bei den verlockenden russischen und ukrainischen »Sakuski« (Vorspeisen) und herzhaften Eintöpfen? Genießen Sie die Gerichte, die in Polen, Tschechien, der Slowakei und Ungarn auf den Tisch kommen. Wie in den Balkanländern sind auch diese Küchen von vielen verschiedenen Kochtraditionen, wie z.B. der russischen, türkischen und österreichischen, beeinflußt worden und deshalb sehr vielfältig.
Dieses Buch möchte Sie zu einer kulinarischen Rundreise durch dieses kulinarisch neu zu entdeckende Europa einladen. Das erste Kapitel gibt Ihnen einen Einblick in die landschaftlichen und kulturhistorischen Schönheiten der einzelnen Länder. Die folgenden Rezeptkapitel sind nach Ländergruppen unterteilt und innerhalb der Kapitel nach den traditionellen, landestypischen Speisenfolgen aufgebaut. Alle Rezepte werden Schritt für Schritt erklärt, so daß auch weniger Geübte die Originalrezepte ganz leicht nachkochen können. Etwas schwierigere Arbeitsschritte werden durch anschauliche Stepfotos zusätzlich erläutert.
Getränkeempfehlungen, Rezeptvariationen, interessante Informationen, nützliche Tips und Wissenswertes über einzelne Produkte runden die Rezeptkapitel ab. Typische Menüzusammenstellungen helfen Ihnen, Ihre Gäste je nach Art des Landes zu verwöhnen.

change

LAND & LEUTE LADEN EIN...

Es gibt viele Arten, ein fremdes Land kennenzulernen. Sich für seine Küchen und Spezialitäten zu interessieren, ist sicher eine der angenehmsten. Und beim Studium mit Messer und Gabel wird man erstaunt feststellen, wieviel man beim Genießen ganz nebenbei erfährt: über das Alltagsleben ebenso wie über Feste, traditionelle Sitten und Gebräuche.
Gastfreundschaft wird in allen Ländern, durch die dieses Buch führt, ganz groß geschrieben, doch sieht sie überall ein wenig anders aus: In den Niederlanden trifft man sich, wenn etwas zu feiern ist, mit Verwandten und allen erreichbaren Freunden zur üppig beladenen »Koffietafel« (Kaffeetafel), auf der es keinesfalls nur Kuchen, sondern auch jede Menge herzhafte Verlockungen gibt. In Schweden arrangiert man kalte und warme Köstlichkeiten zu einem »Smörgåsbord«, auch »Gande bord« (Gehender Tisch) genannt, wobei es natürlich die Gäste sind, die sich schmausend und plaudernd um den Tisch herum bewegen.
Bei einer Einladung in Bulgarien, Rumänien oder anderen Ländern des Balkans, gibt es erst einmal eine Art Aufnahmeprüfung zu bestehen: den angebotenen, hochprozentigen und nicht gerade knapp bemessenen Willkommenstrunk in einem Zug auszutrinken. Schafft man es oder kann man es den Gastgebern plausibel machen, daß man diese Art der Begrüßung zwar schätzt, aber mangels Übung nicht so gut verträgt? Hier, wie bei allen ungewohnten Speisen und Tischregeln gilt: Probieren lohnt sich! Denn was sich in der Küche und kulinarischen Tradition eines Landes einbürgern konnte, hat sicher seine Berechtigung und bringt oft unerwarteten Genuß.
Sollten Sie das Glück haben, in eine Familie eingeladen zu werden, sagen Sie zu! Es wird in jedem Fall eine lebendige, herzerfrischende Erfahrung sein. So dürfen Sie nach einem Essen in Finnland wahrscheinlich ganz selbstverständlich auch die Sauna des Hauses besuchen. Vielleicht teilt man in Norwegen völlig selbstlos die köstlichen Fische und Krebse mit Ihnen, die der Hausherr gefangen hat. Oder es erwartet Sie in England zum Frühstück ein liebevoll gedeckter Tisch, mit duftenden Spiegeleiern, frischgepreßtem Orangensaft und selbstgemachter Marmelade. Und in Rußland werden Sie zwischen den verschiedenen Gängen immer wieder Ihr stets gefülltes Wodkaglas erheben und mit den Gastgebern auf das Wohl und Glück aller Versammelten trinken.
Dieses Buch soll Sie dazu anregen, die Länder, ihre Bewohner und Spezialitäten auf eine Art und Weise kennenzulernen, wie es Ihnen kein Restaurantbesuch vermitteln kann.

Ich wünsche Ihnen viel Spaß dabei!

Reges Treiben herrscht vor der Domkirche in Helsinki, deren Stufen ein beliebter Treffpunkt sind.

Skandinavien

Das oft sehr rauhe Klima Skandinaviens und die langen, dunklen Winter haben die Mentalität und den Alltag der Skandinavier geprägt. Man legt hier großen Wert auf gemütliches Wohnen: Der typische, klare und von Naturmaterialien bestimmte Stil ist unverkennbar. Die Menschen sind sehr häuslich und gastfreundlich und lassen keine Gelegenheit aus, Feste zu feiern, besonders im Sommer, der hier mit extra langen Ferien intensiv genossen wird.

Dänemark

Durch die Halbinsel Jütland ist Dänemark mit dem Festland verbunden. Ansonsten besteht das Land aus über 400 Inseln. Eine der Hauptinseln ist Fünen, mit der Inselhauptstadt Odense, der Heimat des weltbekannten Märchendichters Hans Christian Andersen. Hauptanziehungspunkt auf der Insel Seeland, mit ihren sanften Hügeln, Wäldern, Seen, Sandstränden und kleinen Fischerdörfern im Norden, ist das »königliche Kopenhagen«. Im prunkvollen Schloß Amalienborg, vor dem die Königliche Leibgarde Wache steht, hat das dänische Königshaus seinen Sitz.

Im Sommer wird das rege Kulturleben in den wohl berühmtesten Vergnügungspark der Welt, den »Tivoli«, mit seinen schönen alten Karussells verlagert. Die Vielfalt der dänischen Produkte wie Glas, Keramik, Silberschmuck und das weltweit geschätzte Porzellan »Royal Kopenhagen« können Sie bei einem Bummel durch die Fußgängerzone »Stroget« in den großen Kaufhäusern und vielen kleinen Geschäften bewundern. Mit einem schönen Ausblick auf die Stadt werden Sie belohnt, wenn Sie den »Runde Turm« mit seinem einzigartigen stufenlosen Wendelgang erklimmen. Und wenn Sie die Küstenpromenade »Langelinie« entlangschlendern, können Sie das Wahrzeichen der Stadt, die Bronzestatue der »Kleinen Meerjungfrau«, nicht verfehlen.

Schweden

Riesige Wälder im Norden, grenzenlose Seengebiete im Süden, Küsten mit kleinen Buchten und unzählige Schären-Inselchen, die ihnen vorgelagert sind, im Osten, so vielfältig stellt sich die Landschaft Schwedens dem Besucher dar. Die Hauptstadt Stockholm, mit ihren vielen Wasserstraßen und Inseln, wird das »Venedig des Nordens« genannt. Die Altstadt, »Gamla Stan«, läßt sich wunderbar zu Fuß erkunden. Ein Bummel durch die belebten Gassen führt vorbei am Königlichen Schloß, das zum Teil für Besucher geöffnet ist. Weiter geht es zum »Ritterhaus«, das im holländischen Barockstil erbaut ist, zur spätgotischen »Deutschen Kirche« bis zum »Stortorget«, dem historischen Hauptmarkt, gesäumt von schönen Bürgerhäusern. Schöne Mitbringsel sind die berühmten schwedischen Glaskreationen, die Sie z.B. im größten

Warenhaus Skandinaviens in der »Hamngatan« finden.

Norwegen

Dieses Land hat schon viele Reisende begeistert: Fjorde, die sich bis tief ins Landesinnere hinziehen, »Fjell«, die mit Moosen, kleinen Sträuchern und Flechten bewachsenen Hochflächen, klare Bergseen und reißende Wasserfälle prägen das Landschaftsbild. Die riesigen Wälder liefern Holz, das zu den wichtigsten Exportartikeln des Landes gehört. In den lieblichen Mittelgebirgstälern wird Getreide, Obst und Gemüse angebaut, die Flüsse sind ein Eldorado für Lachs-Angler. Dazwischen liegen jahrhundertealte Bauernhöfe, und immer wieder werden Sie auf die charakteristischen, aus Holz gebauten Stabkirchen aus dem Mittelalter treffen. Ein herrlicher Blick auf die Hauptstadt Oslo, am gleichnamigen Fjord gelegen, eröffnet sich dem Besucher von der »Holmenkollenschanze« aus. Bummeln Sie über Oslos Flaniermeile, die »Karl Johans Gate«, zum Königlichen Schloß, wo wochentags die Wachablösung zu sehen ist. Besuchen sollten Sie auch den »Frognerparken« im Westen der Stadt mit den eindrucksvollen Skulpturen des Bildhauers Gustav Vigeland, das Edvard-Munch-Museum, in dem die Bilder des norwegischen Malers ausgestellt sind, und die Wikingerschiffe im »Vikingskiphuset«, die an die Vergangenheit dieses großen Seefahrervolkes erinnern.

Finnland

Mit seinen unzähligen Seen, Inseln und Wasserläufen ist dieses Land ein Paradies für Naturliebhaber. In den unermeßlich großen Wäldern leben noch heute Bären, Elche, Wölfe und Rentiere. Rentierschlitten sind in Lappland, der nördlichsten und größten Region des Landes, in den langen Wintermonaten das traditionelle Verkehrsmittel. Die Sommermonate verbringen die Finnen gerne in ihren Sommerhäuschen, meist versteckt im Wald oft an einem kleinen See gelegen, wo man nach Herzenslust baden, rudern, angeln und auch saunen kann. Freundlich und einladend wirkt die Hauptstadt Helsinki, auch »Tochter der Ostsee« genannt. Moderne finnische Architektur und historische Gebäude bilden hier eine harmonische Einheit. Schlendern Sie über den Marktplatz direkt am Hafen und die Pracht- und Einkaufsstraßen, die »Esplanadi«, die durch einen kleinen Park mit vielen Cafés und Ruhebänken miteinander verbunden sind. Besuchen sollten Sie auch die Felsenkirche, einen in den nackten Fels gesprengten, großen Kirchenraum.

Vor einer gewaltigen Bergkulisse liegt der Fischerort Reine auf den norwegischen Lofoten.

Zum Mittsommernachtsfest schmücken sich die Skandinavier mit Blumenkränzen.

Romantisch gelegen ist Eilean Donan Castle im schottischen Hochland.

In der weiten Landschaft Irlands können dieser Fischerjunge und sein Hund herumtollen.

Großbritannien und Irland

England

Imposante Schlösser, romantische Landsitze, rosenumrankte Cottages und die beeindruckenden englischen Gärten geben dem Besucher das Gefühl, daß in England die Zeit stehengeblieben ist. Wer mehr Trubel möchte, fährt in Küstenorte wie z.B. Brighton und Blackpool. Hier kann man baden oder sich beim Rummel auf den Piers amüsieren. Stilvoller geht es in den weltberühmten Universitätsstädten Oxford und Cambridge zu. Entdecken Sie die renommierten Colleges entweder zu Fuß oder vom Wasser, in einem Stoßkahn, aus. Shakespeare-Fans pilgern nach Stratford-upon-Avon und versuchen in der Geburtsstadt des berühmten Dramatikers Karten für eine Aufführung der »Royal Shakespeare Company« zu ergattern. Kultureller und wirtschaftlicher Mittelpunkt des Landes ist die lebendige Metropole London. Zu Ihrem »Sightseeing«-Programm, vielleicht in einem der roten Doppeldecker-Busse, sollte der »Tower« mit der weltbekannten »Tower Bridge«, die »Houses of Parliament« und »Big Ben«, der Glockenturm mit dem berühmten Westminster Schlag, gehören. Besuchen Sie auch »Buckingham Palace«, am besten zur Zeit der Wachablösung, »Westminster Abbey« und »St. Paul's Cathedral«, mit der prachtvollen Kuppel. Tagelang können Sie sich im »British Museum« aufhalten oder, wenn Sie sich für Kunst interessieren, in der »Tate Gallery« und der »National Gallery«. Erholen Sie sich bei einem Spaziergang durch den »Hyde Park« im Herzen der Stadt, um danach über die Einkaufsstraßen zu bummeln oder einen Blick in das riesige Kaufhaus »Harrod's« zu werfen. Für den Abend sollten Sie einen Theater- oder Konzertbesuch einplanen, oder wie wäre es mit einem Musicalbesuch?

Schottland

Bei Schottland denkt man unweigerlich an Kilts, Dudelsackmusik und »Nessie«, das sagenhafte Seemonster vom Loch Ness. Tatsächlich gehören Männer in karierten Faltenröcken hier immer noch zum Alltag. Daß die Auswahl an Whisky beträchtlich ist, zeigen die vielen Destillerien im ganzen Land, und natürlich schwört jeder auf seine Lieblingsmarke. Doch Schottland hat noch mehr zu bieten: bizarre Gebirgslandschaften, sanfte grüne Hügel, verwunschene Täler, klare Flüsse und Seen und vor der Küste zahlreiche malerische Inseln. Neben den verträumten Dörfern gibt es nur wenige größere Städte. Sehr schön ist die Hauptstadt Edinburgh mit der auf dem Burgberg gelegenen Altstadt, mit ihren engen Gassen und ungewöhnlich hohen Häusern, die Sie am besten von der trutzigen Burg »Edinburgh Castle« aus betrachten sollten.
Auch ein Besuch in Glasgow, der größten Stadt Schottlands lohnt sich. Früher ein Zentrum des Schiffbaus lockt die Metropole am Fluß Clyde heute mit ihrer weltoffenen Atmosphäre.

Irland

Saftig grüne Wiesen und von Heidekraut bedeckte Hochplateaus findet der Besucher auf der »grünen Insel«, wie Irland bezeichnet wird. Viele Wege führen vorbei an kleinen Steinhäusern, stattlichen Herrensitzen, geheimnisvollen Ruinen und keltischen Steinkreuzen. Dahinter locken einsame Buchten mit grandiosen, vom Atlantik umspülten Meeresklippen. Das Wetter zeigt sich sehr wechselhaft. Also nutzen Sie einen Regenschauer und kehren Sie ein in eines der vielen urigen Pubs, wo Sie liebenswerte, eigenwillige Menschen treffen können, die ihrer Heimat eng verbunden sind. Während Sie sich ein »Guinness«, »Stout« oder den malzigen irischen Whiskey schmecken lassen, klart es draußen schon wieder auf. Ungezählte Pubs finden Sie auch in Dublin, der irischen Hauptstadt, an der Mündung des Flusses Liffey gelegen. Bummeln Sie über die belebte »Grafton Street« und machen Sie halt in »Beweley's Oriental Café«, in dem der berühmte Dubliner Schriftsteller James Joyce seinen Kaffee trank. Sehenswert ist auch das »Trinity College«, das die weltbekannten Dramatiker Oscar Wilde und Samuel Beckett besucht haben.

In der schönen mittelalterlichen Stadt York steht die größte Kirche Englands, die Kathedrale von York.

Einen herrlichen Blick auf die idyllische Stadt Brügge in Belgien hat der Besucher vom 83 m hohen Belfried-Turm am Marktplatz aus.

Beneluxländer

Belgien

In Belgien, dem Land des Radrennsportes, sollten Sie die Schönheiten des Landes vom Fahrrad aus entdecken. Ausgedehnte Rad-, aber auch Wanderwege führen durch die Berglandschaft der Ardennen mit ihren verschlafenen Dörfern und dichten Wäldern sowie durch das Naturschutzgebiet »Hohes Venn« und das romantische Westflandern. Wassersportler kommen an der Nordseeküste mit den berühmten Seebädern Knokke und Oostende voll auf ihre Kosten.

Die Hauptstadt Brüssel ist Sitz der Europäischen Union und der Nato. Das Zentrum der Stadt bildet der Marktplatz »Grand' Place«, umgeben von barocken Giebelhäusern und dem spätgotischen Rathaus. In einem der Häuser befindet sich das Stadtmuseum, in anderen Cafés und Geschäfte, in denen Sie die köstlichen belgischen Pralinen und die weltberühmten Brüsseler Spitzen kaufen können. Im Museum für Alte und Moderne Kunst sind mehr als 17000 Kunstwerke, darunter Gemälde der berühmten belgischen Künstler Brueghel und Bosch, untergebracht. Sehenswert ist auch die St. Michaels-Kathedrale mit ihren 1200 Glasfenstern. An die Weltausstellung von 1958 erinnert das »Atomium«, das die Form eines milliardenfach vergrößerten Eisenmoleküls hat. Vergessen Sie nicht, beim charmanten Wahrzeichen der Stadt, dem »Manneken Pis«, einer kleinen Brunnenfigur aus dem 17. Jahrhundert, vorbeizuschauen. Machen Sie auch einen Abstecher in die mittelalterlichen Städte Brügge und Gent sowie Antwerpen, die Heimatstadt des Malers Peter Paul Rubens.

Um schöne Tulpenzwiebeln für den Verkauf zu bekommen, muß diese Blütenpracht leider von einer speziellen Maschine »geköpft« werden.

Niederlande

Eine Reise in die Niederlande ist im Frühjahr zur Tulpenblüte besonders schön. Windmühlen gehören ebenso in das Bild der flachen grünen Landschaft wie die schwarz-weiß gefleckten Kühe. Sie liefern die Milch für den bekannten holländischen Käse, der die Städte Edam, Gouda und Tilsit berühmt gemacht hat. In Alkmaar, nahe der Nordseeküste, findet auf dem »Waageplein«, dem Platz mit der historischen Waage, von Mitte April bis Mitte September jeden Freitag der berühmte Käsemarkt statt. Das kosmopolitische Amsterdam, an der Amstel gelegen, ist von vielen Wasserkanälen, den Grach-

ten, durchzogen. An ihren Ufern reihen sich malerische Patrizierhäuser mit den unterschiedlichsten Giebelhäusern aneinander. Die Innenstadt läßt sich leicht zu Fuß erkunden oder bei einer Grachtenrundfahrt entdecken. Unbedingt besuchen sollten Sie das »Rijksmuseum« mit seinen berühmten Gemälden, u.a. von Rembrandt. Interessant sind auch das »Rembrandthuis«, in dem der große Maler gelebt hat, und das »Van-Gogh-Museum«. Im Sommer lädt der Nordseestrand mit seinem berühmten Seebad Scheveningen zum Erholen ein. Unweit davon liegt Den Haag, der Sitz der niederländischen Regierung. Sehenswert dort ist das »Mauritshuis« mit seiner berühmten Gemäldesammlung. Das mittelalterliche Delft ist berühmt für seine blauweißen Kacheln und Steingutkeramik.

Luxemburg

Zwischen Deutschland, Belgien und Frankreich liegt das »Herz Europas«, wie sich das Großherzogtum Luxemburg gerne nennt. In der gemütlichen, weltoffenen Hauptstadt, die ebenfalls Luxemburg heißt, mit ihren 101 Brükken, üppigen Grünanlagen und lebendigen Einkaufsstraßen haben sich Behörden der EU und internationale Banken niedergelassen. Die »Lützelburg«, von der heute nur noch Überreste zu sehen sind, gab der Stadt ihren Namen. Eine Besonderheit sind die in den Fels gesprengten, unterirdischen Galerien und Kasematten. Zu den schönsten Spazierwegen in europäischen Städten gehört die Promenade auf den guterhaltenen alten Festungswällen, die »Corniche«. Die Stadt ist umgeben von Wäldern, engen Flußtälern, romantischen Bachläufen und bizarr geformten Sandsteinfelsen. An der Mosel liegen zwischen Rebhängen verträumte Winzerdörfer. Immer wieder zeugen trutzige Burgen und Schlösser von einer bewegten Vergangenheit. Besonders sehenswert ist die mittelalterliche Hofburg in Vianden, einer der schönsten Ortschaften des Landes.

Am »Kinderdijk« (Kinderdeich) in Südholland sorgen 19 Windmühlen für die Entwässerung des Landes hinter dem Deich.

Die imposanten Berglandschaften, wie das Berner Oberland, machen die Schweiz zu einem Eldorado für Bergwanderer.

Schweiz

In der Mitte Europas liegt die kleine Schweiz, ein Land von kultureller und landschaftlicher Vielfalt. Eisige Gletscher mit ewigem Eis gehören ebenso dazu wie Palmen, die im Tessin, am Ufer des Luganer Sees, mediterrane Stimmung vermitteln. Dort werden Sie auf italienisch mit »Buongiorno« begrüßt, in der französischen Schweiz mit »Bon jour«, im deutschsprachigen Teil des Landes mit »Grüezi« und in Graubünden in rätoromanisch mit »Bun di«. Nicht nur die Sprache, sondern auch die Architektur der Städte und Dörfer, der Lebensstil und die Küche sind von den angrenzenden Ländern Italien, Frankreich und Deutschland stark beeinflußt worden.
Vom Landschaftsbild her kann die Schweiz als Gebirgsregion bezeichnet werden, denn über 50% der gesamten Fläche nehmen die Zentralalpen ein. Auf idyllischen Hochalmen weiden Kühe, die die Milch für den berühmten Schweizer Käse und die nicht weniger bekannte Schweizer Schokolade liefern. Darüber ragen imposante Berggipfel empor: Eiger, Mönch, Jungfrau und das Matterhorn, das als Wahrzeichen der Schweiz gilt. Das Land ist ein wahres Ferienparadies: im Sommer ein Eldorado für Bergsteiger und Wanderer, im Winter für Skifahrer. Berühmte Orte wie St. Moritz, Gstaad und Davos sind in der Wintersaison Treffpunkte des internationalen Jet-sets. Zürich ist die größte Stadt der Schweiz und liegt an der nördlichen Spitze des Zürichsees. Die ehemalige Handelsstadt hat sich zum wichtigsten Schweizer Wirtschafts- und Finanzzentrum entwickelt. Gleichzeitig genießt sie weltweit einen guten Ruf als Kultur- und Kunststadt, mit einem Schauspielhaus und einer Oper von internationalem Rang sowie zahlreichen Museen und Galerien. In der

weltbekannten Bahnhofstraße, der Züricher Einkaufsstraße, liegt neben Nobelboutiquen, Banken, Uhren- und Schmuckgeschäften auch das traditionsreiche Café »Sprüngli«. Dort können Sie unvergleichliche Köstlichkeiten der Konditorkunst probieren und kaufen. In Zürichs Altstadt mit ihren verwinkelten Gassen und schönen Bürgerhäusern finden Sie das inzwischen schon zur Institution gewordene Restaurant »Kronenhalle«. In seiner Bar trifft man sich zum »Apero« nach Feierabend, um anschließend die gute Schweizer Küche zu genießen.
Bundeshauptstadt der Schweiz ist Bern. Sie zählt mit ihren mittelalterlichen Gäßchen, den blumengeschmückten Laubengängen, den vielen Brunnen und dem berühmten Glockenturm zu den schönsten Städten der Schweiz. Wenn Sie in einer der »Beiz«, einer typischen Gaststätte, einkehren, spüren Sie sofort die Gastfreundlichkeit der gemütlichen Berner. Den Berner Bären, den lebenden Wappentieren der Stadt, können Sie am Bärengraben in der Altstadt einen Besuch abstatten. Am vierten Montag im November jeden Jahres findet in Bern der berühmte »Zibelimärit« (Zwiebelmarkt) statt.
Genf ist Hauptstadt der französischen Schweiz und des gleichnamigen kleinsten Schweizer Kantons. Wie in Zürich sind auch hier viele Banken, aber auch die Uhren- und Schmuckindustrie angesiedelt. Der Sitz der UNO und anderer internationaler Organisationen geben der Stadt ihr multikulturelles, weltläufiges Flair. Ihr Wahrzeichen ist die Fontaine »Jet d'eau«, die 140 m hoch aus dem Genfer See sprudelt. Von den eleganten Geschäftsstraßen aus lohnt es sich, die über dem See gelegene Altstadt mit ihren engen, kopfsteingepflasterten Gassen, zu erkunden. Hier reihen sich kleine Antiquitätenläden und Galerien aneinander, und gemütliche Bistros laden zum Einkehren ein.
In Montreux, am Ostufer des Genfer Sees, treffen sich alljährlich im Juli die Jazzfans aus aller Welt.
Den italienischen Einfluß auf Sprache, Architektur und Lebensart spürt man im Tessin. Palmen an den Ufern des Lago Maggiore und Luganer Sees vermitteln ebenso mediterranes Ambiente wie die Piazze in Lugano, Locarno und Bellinzona. Ansonsten laden kleine romantische Dörfer in südlich anmutender Alpenlandschaft zu einem Besuch ein.

Ein schönes Ausflugsziel ist die kleine Stadt Steckborn am Untersee des Bodensees im Kanton Thurgau.

In ihrer Tracht zeigen sich diese Schweizer Frauen vom Hasliberg auf der Mägisalp.

Auf dem Moskauer Arbat werden die berühmten »Matrjoschki« (Schachtelpüppchen) angeboten.

Seit Jahrhunderten zieht der Höhlenkloster-Bezirk in Kiew die Pilger an.

»Europäisches Rußland«

Unter diesem Begriff haben wir für dieses Buch Rußland bis zum Ural und die seit 1991 unabhängigen ehemaligen Sowjetrepubliken Baltische Staaten, Weißrußland, Moldawien und Ukraine zusammengefaßt.

Rußland

Hauptanziehungspunkt für Besucher aus aller Welt sind in Rußland immer noch die Metropolen Moskau und St. Petersburg, das frühere Leningrad. Moskau, mit seinen mehr als 10 Mio. Einwohnern, ist Verkehrsknotenpunkt des Landes, Zentrum von Industrie und Wirtschaft und die wichtigste Universitätsstadt Rußlands. Von den mehr als 90 Museen und 60 großen und kleinen Bühnen sollten Sie unbedingt die Tretjakov Galerie, das Puschkin-Museum und natürlich das Bolschoj-Theater mit seinem weltberühmten Ballettensemble besuchen. Ein Muß ist auch der Bummel über den »Arbat«, der einzigen Fußgängerzone Moskaus, mit vielen Straßenkünstlern, Händlern und Musikern. Auch unterirdisch ist die Stadt interessant: 150 U-Bahnhöfe der Metro erinnern mit ihren prunkvollen Marmor- und Stuckausstattungen schon fast an Paläste. Architektonischer Mittelpunkt Moskaus und das »Herz Rußlands« ist der Kreml am Roten Platz, auf einer Anhöhe über dem Fluß Moskwa gelegen. Hier stehen die Erzengel-Michael-Kathedrale, die Mariä-Himmelfahrts-Kathedrale und die Mariä-Verkündigungs-Kathedrale, deren vergoldete Zwiebeltürme schon von weitem leuchten. Auf dem Roten Platz bietet die Basilius-Kathedrale mit ihren vielfarbigen Kuppeln einen prächtigen Anblick. Unweit davon, im GUM, dem größten Kaufhaus Moskaus, können Sie die begehrtesten Souvenirs, Kaviar und Wodka, kaufen.

St. Petersburg, an der Newa gelegen, besticht durch sein einmaliges, von vielen Kanälen durchzogenes Stadtbild. Lange Prachtstraßen, wie z.B. der »Newskij Prospekt«, wunderschön gestaltete Plätze, kunstvolle Brücken und reizvolle Uferpromenaden beeindrucken den Besucher. Viele interessante Kirchen, Klöster und Paläste laden zur Besichtigung ein. Insbesondere der Winterpalast mit der sich anschließenden Kleinen und Alten Eremitage locken mit ihren prunkvoll ausgestatteten Sälen und den überreichen Kunstsammlungen viele Kunstinteressierte an. Die Winter sind lang in St. Petersburg, doch der Sommer entschädigt dafür mit den

»Weißen Nächten«, in denen der Tag der Nacht nicht weichen will. Das kulturelle Leben war in früheren Zeiten dem Zaren und den Aristokratenfamilien vorbehalten, heute genießen Einwohner und Touristen das reichhaltige Kulturangebot mit Konzerten, Theater- und Ballettaufführungen.

Baltische Staaten, Weißrußland, Moldawien und Ukraine

An die Ostsee grenzen die drei baltischen Staaten Lettland, Litauen und Estland. Lettland, von ausgedehnten Wäldern und Naturschutzparks bedeckt, wird von seinen Einwohnern gern als das »Grüne Land« bezeichnet. Zentrum der Hauptstadt Riga ist die Skarnia-Straße in der Altstadt mit der »Yura« (St.-Georgs-Kirche) aus dem 13. Jahrhundert.

»Bernsteinküste« wurde Litauen zur Römerzeit genannt, und auch heute noch ist Bernstein das Symbol für dieses Land. Wahrzeichen der Hauptstadt Wilna (Vilnius) ist der Gedeminas-Turm auf dem Schloßberg. Inseln machen einen Großteil Estlands aus. Sehr eindrucksvoll wirkt die im 12. Jahrhundert an der Ostseeküste gegründete Hauptstadt Tallinn (Reval) vom Wasser aus.

Die Landschaft Weißrußlands, das im Westen an Polen grenzt, besteht hauptsächlich aus Wäldern, Sümpfen und weiten Ebenen, die sich mit sanftem Hügelland abwechseln. Schönes Mitbringsel aus der Hauptstadt Minsk sind kunstvolle, aus Stroh und Holz gefertigte Intarsienarbeiten.

Moldawien, das früher Bessarabien hieß, ist das Land des Weines und des Getreides. Es wird von den beiden Flüssen Dnjestr und Pruth umschlossen, die auf das Schwarze Meer zufließen. In der Hauptstadt Kischinjow sollte man die Mozarakiew- und die Ryschkanow-Kirche besuchen.

In die Ukraine locken vor allem die Halbinsel Krim mit ihren langen Sandstränden und die Hafenstadt Odessa am Schwarzen Meer, wo der Dichter Puschkin seine schönsten Gedichte schrieb. Aber auch die Hauptstadt Kiew, die Wiege der russischen Kultur und deshalb oft als »die Mutter aller russischen Städte« bezeichnet, lohnt einen Besuch. Sehenswert in der Stadt am Dnjepr sind die Sophien- und die Wladimir-Kathedrale, ebenso wie die Universität und das Opernhaus.

Berühmt sind das »Goldene Tor«, Überbleibsel der Stadtbefestigung aus dem 11. Jahrhundert, und das Höhlenkloster »Petscherskaja Lawra«.

Vor der Moskauer Universität wurde dem Mitbegründer und Namensgeber, dem Dichter und Gelehrten Lomonossow, ein Denkmal gesetzt.

Der Keller des Krakauer Rathausturms beherbergt heute ein Café und eine Theaterbühne.

So wild reiten die Ungarn in der Bugac-Puszta heute nur noch bei Reiterspielen für die Touristen.

Polen, Ungarn, Tschechien, Slowakei

Polen

Seit es einfacher ist, in die Länder des früheren Ostblocks zu reisen, wird Polen als Urlaubsziel immer beliebter. An den Sandstränden der Ostsee kann man sich wunderbar erholen. Im Masurengebiet, im Nordosten Polens, mit seinen unzähligen Seen, riesigen Wäldern und verträumten Heidelandschaften fühlt man sich in eine andere Zeit versetzt. Große Waldgebiete Polens sind zu Naturschutzgebieten erklärt worden, in denen viele, inzwischen selten gewordene Tiere leben. Die Tatra und die Mittelgebirge ziehen im Winter Skiläufer und im Sommer Bergwanderer an. In den bäuerlichen Gegenden Polens wird das Brauchtum noch sehr gepflegt. Wer Glück hat, kann eine Bauernhochzeit miterleben: Die Hochzeitsgäste tragen wunderschöne alte Trachten, und es wird bis zum Morgengrauen »Mazurka« getanzt. Das Land birgt Schätze einer tausendjährigen Geschichte. Warschau (Warszawa) wurde in den letzten Jahren liebevoll restauriert. Auf dem Alten Markt inmitten der Stadt sorgen Straßencafés, kleine Antiquitätenläden und Galerien, die in alten Patrizierhäusern untergebracht sind, für eine lebendige Atmosphäre. Das Historische Museum, das Literaturmuseum, die St. Johannes-Kathedrale, das Königsschloß und der Radziwill-Palast sind Höhepunkte einer Besichtigung. Die Stadt Krakau (Kraków) wurde aufgrund ihrer guterhaltenen Innenstadt von der UNESCO zu einem der zwölf wichtigsten Kulturzentren Polens erklärt.

Ungarn

Die Puszta, das ist Ungarns weite, baumlose Graslandschaft mit großen Gestüten, Gänse- und Entenfarmen. Ab und zu sieht man noch einen der historischen Ziehbrunnen. Besucher lernen diese Landschaft meist bei einer geruhsamen Kutschfahrt kennen, bewundern die Reitkünste der Enkel der wilden Reitergesellen bei Pferdevorführungen und genießen dann die herzliche Gastfreundschaft der Ungarn beim Kesselgulasch in einer »Csárda«, einem der typischen Gasthöfe. Wer gerne badet, den zieht es an den »Balaton« (Plattensee), der in den Sommermonaten Unterhaltung und Erholung für die ganze Familie bietet. In und um Budapest, Ungarns an der Donau gelegenen Hauptstadt, sprudeln heilende Quellen. So z.B. in dem im Jugendstil erbauten Gellértbad am Fuße des Gellértberges. Von der hochgelegenen Fischerbastei aus eröffnet sich Ihnen ein wunderschöner Blick auf die Stadt. Erholen kann man sich auf der Margareteninsel in der Stadtmitte mit ihren Parks, Schwimmbädern, Restaurants und

Cafés. Die neurenovierte Oper und der in einer sehr schönen Jugendstilhalle untergebrachte Markt sind ebenfalls sehenswert. Schön ist auch eine Schifffahrt auf der Donau, vorbei an den romantischen Städten Szentendre, Visegrád und Esztergom.

Tschechien und Slowakei

Aus der ehemaligen Tschechoslowakei entstanden am 1. Januar 1993 zwei selbständige Staaten: die Tschechische Republik und die Slowakische Republik. Hauptanziehungspunkt in Tschechien ist die Hauptstadt, das »Goldene Prag« an der Moldau mit ihrem guterhaltenem Stadtkern. Auf dem Hügel am linken Moldau-Ufer liegt die Prager Burg, der »Hradschin«, das »Goldene Gäßchen« und der Veitsdom. Zur anderen Seite der Moldau führt die mit 30 Barockstatuen verzierte Karlsbrücke. Schlendern Sie durch die engen Gassen der Altstadt zur berühmten Astronomischen Uhr an der Südseite des Rathauses und besuchen Sie im Prager Viertel Josefov den faszinierenden Jüdischen Friedhof mit seinen fast 12000 Grabsteinen. Budweis (České Budějovice) in Südböhmen ist durch seinen riesigen Marktplatz und besonders, ebenso wie Pilsen (Plzeň) in Westböhmen, durch das Bier bekannt. Die Kurbäder Karlovy Vary (Karlsbad), Mariánské Lázně (Marienbad) und Františkovy Lázně (Franzensbad) wurden schon früher von berühmten Persönlichkeiten besucht: So wurde z.B. Goethe dort zu seiner »Marienbader Elegie« inspiriert. Bratislava, an der Donau gelegen, ist die Hauptstadt der Slowakischen Republik. Von der Burg aus haben Sie einen schönen Blick auf die verwinkelte Altstadt mit kleinen Geschäften und Weinstuben. Interessant sind auch die Nationalgalerie, das Apothekenmuseum und das Michaels-Tor mit dem letzten erhaltenen Turm der Stadtbefestigung. Außerhalb der Stadt beginnen schon die Karpaten. Erholungssuchende zieht es in den Kurort Piešťany, Wanderer in die Hohe oder Niedere Tatra.

Rund 140 Quellen gibt es in Marienbad (Mariánské Lázně), neben Karlsbad (Karlovy Vary) das bekannteste Kurbad Tschechiens.

Ein schönes Mitbringsel aus Bulgarien sind handgemalte Ikonen.

Balkanländer

Rumänien

Stille Dörfer, friedliche Landschaften, herzliche Menschen, die ihr Land und Brauchtum lieben, laden dazu ein, Rumänien zu entdecken. Die Hauptstadt Bukarest mit ihren großen, von Bäumen gesäumten Boulevards und der »Fin de siècle«-Architektur wurde in den 30er Jahren »Klein-Paris des Ostens« genannt. Im Freilicht-Dorfmuseum im Herestrau-Park können Sie einen Eindruck über die dörfliche Architektur in Rumänien, einschließlich der außergewöhnlichen Holzkirchen, im ganzen Land bekommen.

Im früheren Schloß ist das Kunstmuseum untergebracht, und im Historischen Museum können Sie einen prächtigen Silberschatz bewundern. Ein Juwel des rumänisch-orthodoxen Baustils ist die Stavropoleus-Kirche. Um Bukarest liegt ein weites Gebiet mit großen Wäldern, Seen, Palästen und Klöstern. Erholung bieten die 70 km langen Sandstrände der Schwarzmeerküste und das einzigartige Naturparadies des Donau-Deltas. In Siebenbürgen (Transsilvanien) haben sich ländliche Traditionen bis heute fast unverändert erhalten. Dort liegt das Städtchen Brasov mit der Burg Bran, der legendären Heimat des Grafen Dracula. In Moldau, der nördlichsten Provinz Rumäniens, sind die Bukovina-Klöster mit wundervollen Fresken einen Besuch wert.

Bulgarien

Die Schwarzmeerküste ist wohl das erste, woran man bei Bulgarien denkt. Nördlich von Varna, der drittgrößten Stadt des Landes und vor fast 3000 Jahren bereits eine wichtige Hafenstadt, hat sich ein lebendiges Urlaubszentrum entwickelt. An dem wunderbaren, breiten Sandstrand, »Goldstrand« genannt, kann man noch preisgünstige Ferien verbringen. Am besten gleich mit der ganzen Familie, denn die Bulgaren sind ausgesprochen kinderfreundlich. Gleich hinter der Küste erheben sich sanfte Hügel, die langsam in das langgezogene Balkan-Gebirge übergehen, das im Winter als Skigebiet beliebt ist. Im Landesinnern liegen romantische alte Städte und Dörfer. Manche stehen unter Denkmalschutz und sind zum Freilichtmuseum erklärt. Interessant sind auch die vielen alten Klöster, wie z.B. das weltberühmte Rila-Kloster in der Nähe der Hauptstadt Sofija. In Sofija selbst sollten Sie das Nationale Archäologische Museum besuchen, die imposante Aleksandar-Nevski-Kathedrale und die »Sveta Sofija« (Sophienkirche). Etwas außerhalb, in Bojana, gibt es in der Kirche des Ortes beeindruckende Fresken aus dem 13. Jahrhundert zu bewundern. Auf dem Weg von Sofija nach Burgas am Schwarzen Meer liegt das berühmte Tal der Rosen. Hier werden Ende Mai, Anfang Juni Tausende der kostbaren Rosenblüten gepflückt. Für ein Gramm Rosenöl, wichtiger Grundstoff für die Parfümindustrie, braucht man 2000 Blütenblätter, was seinen hohen Preis erklärt. Das bulgarische Rosenöl gilt als das beste der Welt und ist ein wichtiger Exportartikel.

Fast italienisch wirkt die kroatische Stadt Rovinj in West-Istrien.

Länder des früheren Jugoslawien

Das frühere Jugoslawien war ein Vielvölkerstaat mit unterschiedlichen Volksgruppen, Sprachen, Mentalitäten und Religionen. Heute sind Slowenien, Kroatien, Bosnien-Herzegowina, Serbien, Montenegro und Makedonien eigenständige Länder, die sich zum Teil noch im Kriegszustand befinden.

Slowenien besteht im Nordwesten aus einer bizarren Hochgebirgslandschaft mit sanften Tälern, grünen Almen und romantischen Seen. Im Südwesten dagegen herrscht durch die Weite des Meeres mediterrane Stimmung. Neben bemerkenswerten archäologischen Funden aus der Römerzeit sind Burgen, Schlösser, mittelalterliche Städte und malerische Dörfer zu besichtigen. Ljubljana, Sloweniens Hauptstadt, ist u.a. durch ihr Internationales Sommerfestival im Juli und August viel besucht.

Kroatien liegt zwischen den Flüssen Drau, Donau und Save. Besonderer Anziehungspunkt waren hier immer die berühmten, in einer waldreichen Landschaft gelegenen Plitvicer Seen, die Adriaküste mit den vorgelagerten Inseln sowie Dubrovnik mit seiner historischen Altstadt, die jedoch im Krieg teilweise zerstört wurde. Bosnien-Herzegowina ist überwiegend gebirgig und von Wäldern bedeckt. Zwischen dem verkarsteten Hochgebirge liegen fruchtbare Täler. Wechselnde Einflüsse, die im Lauf der Jahrhunderte österreichische, ungarische und türkische Besatzer ausübten, haben Spuren hinterlassen und die Menschen geprägt. Das weltberühmte Wahrzeichen der Hauptstadt Mostar, die »Stari most« (Alte Brücke), die sich über die Neretwa spannte, wurde im Krieg vernichtet.

Serbien wurde 350 Jahre von den Türken beherrscht. Die vielen Moscheen in der Hauptstadt Belgrad geben Zeugnis davon. Einen Kontrast dazu bilden die vielen, zum Teil sehr gut erhaltenen serbisch-orthodoxen Kirchen und Klöster im ganzen Land.

Die Landschaft Montenegros ist sehr rauh, karg mit bizarren Gipfeln, reißenden Flüssen und einer wild zerklüfteten Landschaft. Den dort lebenden Menschen sagt man nach, daß sie stark an ihren altüberlieferten Bräuchen festhalten. Makedonien, das an Griechenland grenzt, hat sehr fruchtbare Ebenen. In seinem warmen Klima gedeihen dort Obst, Gemüse und Tabak besonders gut.

SKANDINAVIEN

Ein skandinavisches Sprichwort sagt: »Die Dänen leben, um zu essen. Die Norweger essen, um zu leben. Und die Schweden essen, um zu trinken.« Ob das nun stimmt, sei dahingestellt. Gekocht wird in Dänemark üppig mit Butter und Sahne. Dänischer Käse gehört zum berühmten »Smørrebrød«, reich belegte Brote, die meistens mittags als Imbiß gegessen werden. Am Abend sind Schweine- und Hackbraten sowie Fisch in jeder Zubereitungsart beliebt. Dazu wird Bier, kalte Milch und natürlich Aquavit – der Nationalschnaps – getrunken.
Auch in Schweden liebt man es deftig. Neben bodenständigen Fleischgerichten gibt es Wild aus den schwedischen Wäldern und viel Fisch. Kein anderes Land kennt mehr Rezepte für eingelegte Heringe, »Sill« genannt, und die dürfen auf dem »Smörgåsbord«, dem schwedischen Buffet, nicht fehlen. Ebensowenig wie das Knäckebrot, von dem es dort mindestens 20 Sorten gibt. Auch in Schweden wird gerne Bier getrunken und schwedischer Wodka. Im Sommer feiert man hier wie in Norwegen und Finnland Krebsfeste, bei denen Flußkrebse gefangen, gekocht und an schön gedeckten Tafeln gegessen werden.
Norwegens Küche ist einfach und herzhaft. Wie in ganz Skandinavien gibt es besonders häufig Fisch und Meeresfrüchte. Eine typische Spezialität ist der »Klippfisch«, getrockneter Kabeljau. Außerdem kommen viele Eintopfgerichte mit Hammel- oder Lammfleisch auf den Tisch. Gerichte mit Rentier- oder Elchfleisch, Schnepfen und Schneehühnern sind keine Besonderheit.
In Finnland ist die Küche slawisch geprägt und von der russischen Küche beeinflußt. So gibt es die eigentlich russische Pirogge auch in Finnland. Ansonsten bereichern Fische und Wild, besonders Rentierfleisch aus Lappland den Speisezettel. Die Finnen lieben Pilze frisch gebraten, getrocknet oder sauer eingelegt. Die vielen Waldbeeren werden zu Nachspeisen, Kuchen, Beerenweinen und -likören verarbeitet.

Krabbensuppe

Aus Norwegen · Gelingt leicht

Rekesuppe

Zutaten für 4 Portionen:
1 mittelgroße Zwiebel
2 kleine Möhren (etwa 150 g)
2 kleine Stangen Lauch (etwa 200 g)
2 EL Butter
400 g Kartoffeln, mehligkochend
1/8 l trockener Weißwein
400 ml Fischfond
(selbstgemacht oder aus dem Glas)
400 ml Wasser oder Gemüsebrühe
Salz
weißer Pfeffer, frisch gemahlen
2 TL Currypulver
200 g Sahne
200 g geschälte vorgekochte Nordseekrabben
1 Bund Dill

Zubereitungszeit: 35 Min.
(+ 25 Min. Garen)
Pro Portion: 1700 kJ/400 kcal

1 Zwiebel schälen und fein hacken. Möhren schälen, waschen und raspeln. Lauch putzen, waschen und in feine Ringe schneiden. Butter in einem Topf schmelzen lassen, Gemüse darin bei mittlerer Hitze etwa 5 Min. andünsten.

2 Die Kartoffeln schälen, waschen, kleinwürfeln und dazugeben. Etwa 2 Min. mitdünsten, dann alles mit dem Weißwein ablöschen, mit dem Fischfond und dem Wasser oder der Gemüsebrühe aufgießen. Mit Salz, Pfeffer und Curry würzen und zugedeckt etwa 25 Min. köcheln lassen.

3 Danach die Suppe im Mixer oder mit dem Pürierstab pürieren, mit der Sahne wieder in den Topf füllen und bei mittlerer Hitze aufkochen. Temperatur herunterschalten, die Krabben in die Suppe geben und bei schwacher Hitze etwa 3 Min. erwärmen. Inzwischen den Dill waschen, trockenschütteln, Blättchen abzupfen, bis auf einige Blättchen fein hacken. Suppe damit bestreuen mit den ganzen Dillblättchen garnieren und servieren.

Variante: Fiskesuppe (Fischsuppe)
Die Suppe wie im Rezept beschrieben ohne das Currypulver zubereiten. 750 g Fischfilet, mindestens drei verschiedene Sorten (z.B. Lachs, Schellfisch, Kabeljau, Heilbutt), in mittelgroße Würfel schneiden, mit Saft von 1 Zitrone beträufeln, salzen, pfeffern und zugedeckt etwa 20 Min. im Kühlschrank marinieren. Anstelle der Krabben in die Suppe geben und in 5 Min. bei schwacher Hitze gar ziehen lassen.

Janssons Versuchung

Aus Schweden · Gelingt leicht

Janssons frestelse

Zutaten für 4 Portionen,
für eine feuerfeste Auflaufform:
250 g Zwiebeln
3 EL Butter
2 Gläser Sardellenfilets
(je 40 g Abtropfgewicht)
1 kg Kartoffeln, mehligkochend
Fett für die Form
Salz
Pfeffer, frisch gemahlen
250 g Sahne

Zubereitungszeit: 25 Min.
(+ 50 Min. Garen)
Pro Portion: 2200 kJ/520 kcal

1 Die Zwiebeln schälen und in feine Ringe hobeln. 1 EL Butter in einer Pfanne erhitzen und die Zwiebeln darin bei schwacher Hitze etwa 5 Min. andünsten.

2 Sardellenfilets aus den Gläsern nehmen, kalt abspülen und abtropfen lassen. Den Backofen auf 200° vorheizen.

3 Kartoffeln schälen und auf einer Gemüsereibe grob raspeln. Die Auflaufform einfetten. Kartoffeln, Zwiebeln und Sardellenfilets abwechselnd einschichten und mit einer Lage Kartoffeln abschließen. Jede Schicht leicht salzen und pfeffern.

4 Die Hälfte der Sahne über den Auflauf gießen und im Backofen (Mitte; Umluft 180°) etwa 20 Min. garen. Dann die restliche Sahne über den Auflauf gießen, restliche Butter in Flocken daraufgeben und den Auflauf in etwa 30 Min. fertiggaren.

Glasmeisterhering

Aus Finnland · Gut vorzubereiten

Lasimestarin silli

Zutaten für 6 Portionen:
6 Salzheringe, küchenfertig vorbereitet, vom Fischhändler filetieren lassen
200 ml Weinessig
150 g Zucker
1 TL Pimentkörner
1 EL schwarze Pfefferkörner
1 EL Senfkörner
2 Lorbeerblätter
2 Möhren (etwa 100 g)
2 rote Zwiebeln

Zubereitungszeit: 30 Min. (+ 12 Std. Wässern + 2–3 Tage Marinieren)

Pro Portion: 1500 kJ/360 kcal

1 Heringsfilets kalt abspülen, trockentupfen, in eine Schüssel legen. Mit kaltem Wasser übergießen, zugedeckt über Nacht in den Kühlschrank stellen.

2 Weinessig mit $^3/_8$ l Wasser, Zucker, Piment-, Pfeffer-, Senfkörnern und Lorbeerblättern bei starker Hitze aufkochen, Temperatur zurückschalten und bei mittlerer Hitze unter Rühren köcheln, bis sich der Zucker ganz aufgelöst hat. Dann die Marinade abkühlen lassen.

3 Möhren und Zwiebeln schälen. Möhren in dünne Scheiben, Zwiebeln in feine Ringe schneiden. Beides abwechselnd mit den Heringsfilets in ein Glas oder eine Glasform schichten und mit der Marinade übergießen. Die Heringe zugedeckt im Kühlschrank 2–3 Tage durchziehen lassen. Dann mit Salz- oder Pellkartoffeln servieren.

Getränk: Zu diesem pikanten Gericht schmeckt Wodka.

Variante: Salzhering
(Spicken sill)
4 gewässerte Salzheringsfilets in etwa 2 cm breite Stücke schneiden und auf eine Platte legen. Mit 1 kleinen, feingehackten Zwiebel und 2 EL Schnittlauchröllchen bestreut servieren. Dazu passen Pellkartoffeln mit eiskalter saurer Sahne.

Gravad Lax

Aus Norwegen · Braucht etwas Zeit

Lachs mit Senf-Dillsauce

Zutaten für 4 Portionen:
800 g frischer Lachs
(möglichst das Mittelstück)
3 EL Salz · 3 EL Zucker
1 TL weißer Pfeffer, grob gemahlen
3–4 Bund Dill
1 unbehandelte Zitrone
zum Garnieren
Für die Sauce:
3 EL mittelscharfer Senf · 2 EL Zucker
2 EL Rotweinessig · 6 EL Speiseöl
Salz · weißer Pfeffer, frisch gemahlen
3–4 Bund Dill

Zubereitungszeit: 40 Min.
(+ 2 Tage Marinieren)

Pro Portion: 2400 kJ/570 kcal

1 Mit einer Pinzette alle kleinen Gräten vom Lachs entfernen. Den Lachs kalt abspülen, trockentupfen und einmal quer durchschneiden. Salz, Zucker und Pfeffer mischen. Dill waschen, trockenschütteln, Blättchen abzupfen und fein hacken.

2 Ein Drittel der Gewürzmischung in eine Schüssel streuen und die eine Lachshälfte mit der Haut nach unten hineinlegen. Mit dem zweiten Drittel der Gewürze und der Hälfte des feingehackten Dills bestreuen.

3 Die zweite Lachshälfte mit der Hautseite nach oben darauf legen, mit den restlichen Gewürzen und dem restlichen feingehackten Dill bestreuen. Die Schüssel zugedeckt für 2 Tage kühl stellen, den Fisch öfters wenden.

4 Für die Sauce den Senf mit Zucker und Rotweinessig verrühren. Das Öl in dünnem Strahl unter ständigem Schlagen langsam dazugießen. Die Sauce mit Salz und Pfeffer abschmecken.

5 Den Dill waschen, trockenschütteln, die Blättchen abzupfen, fein hacken, bis auf 2 EL unter die Sauce mischen und bis zum Servieren kalt stellen.

6 Vor dem Servieren die Gewürzmischung von den Lachshälften abschaben. Lachs schräg von der Haut in dünne Scheiben schneiden, auf einer Platte anrichten. Zitrone heiß waschen, trockentupfen und in Spalten schneiden. Lachs mit den 2 EL Dill und Zitronenscheiben garnieren, die Senf-Dillsauce dazu reichen.

Schollenfilets mit Krabben

Aus Dänemark · Gelingt leicht

Rødstæte

Zutaten für 4 Portionen:
8 Schollenfilets (je etwa 90 g)
3 EL Zitronensaft
Salz
3 EL Mehl
50 g Paniermehl
1 Ei
5 EL Butter
2 EL Speiseöl
200 g geschälte rohe Nordseekrabben
1 unbehandelte Zitrone zum Garnieren

Zubereitungszeit: 30 Min.

Pro Portion: 1800 kJ/430 kcal

1 Im Backofen bei 75° (Umluft 50°) eine Servierplatte vorwärmen. Fischfilets kalt abspülen, trockentupfen, mit Zitronensaft beträufeln und salzen.

2 Mehl und Paniermehl jeweils in einen tiefen Teller geben. Das Ei ebenfalls in einen tiefen Teller aufschlagen und mit 2 EL Wasser verquirlen. Die Fischfilets zuerst im Mehl wenden, abklopfen, in das Ei tauchen und dann im Paniermehl wenden.

3 In einer großen Pfanne 2 EL Butter und das Öl erhitzen, die Schollenfilets portionsweise darin von jeder Seite in etwa 3 Min. bei schwacher Hitze goldbraun braten. Auf der vorgewärmten Platte im ausgeschalteten Backofen warm stellen.

4 Inzwischen in einer zweiten Pfanne 2 EL Butter erhitzen und die Krabben darin etwa 3 Min. bei schwacher Hitze andünsten. Die restliche Butter in einem kleinen Topf bei mittlerer Hitze bräunen.

5 Zitrone heiß waschen, abtrocknen, in Spalten schneiden. Das Krabbenfleisch auf den Schollenfilets verteilen, alles mit der gebräunten Butter übergießen, mit Zitronenspalten garnieren und Salzkartoffeln dazu servieren.

Fischpudding

Aus Norwegen · Braucht etwas Zeit

Fiskepudding

Zutaten für 4 Portionen, für 1 Puddingform von 1 l Inhalt oder 1 Kastenform von 30 cm Länge:
1 kg Fischfilet (z.B. von Kabeljau, Hecht, Scholle, Schellfisch oder gemischt)
Saft von 1/2 Zitrone · Salz
weißer Pfeffer, frisch gemahlen
1 Bund Dill · 200 g Sahne
1 Ei · 1 Eigelb
2 gehäufte EL Speisestärke
Fett für die Form
1 EL Paniermehl zum Ausstreuen der Form

Zubereitungszeit: 45 Min. (+ 1 Std. 10 Min. Garen)

Pro Portion: 1600 kJ/380 kcal

1 Fisch kalt abspülen, trockentupfen, mit Zitronensaft beträufeln, salzen, pfeffern und dann etwa 15 Min. ziehen lassen.

2 Dill waschen, Blättchen abzupfen, einige zum Garnieren aufbewahren, Rest fein hacken. Den Fisch durch die feinste Scheibe des Fleischwolfs drehen oder im Mixer pürieren. Das Püree mit Sahne, Ei, Eigelb und Speisestärke mischen. Mit Salz und Pfeffer würzen und den Dill unterheben.

3 Den Backofen auf 180° vorheizen. Pudding- oder Kastenform einfetten, mit dem Paniermehl ausstreuen, mit der Fischmasse füllen und mit einem Deckel oder Alufolie verschließen.

4 Fettpfanne des Backofens etwa 3 cm hoch mit heißem Wasser füllen, Form hineinsetzen, Fischpudding im Ofen (Mitte; Umluft 160°) etwa 45 Min. garen. Dann Deckel bzw. Alufolie abnehmen und in 15–20 Min. fertiggaren. Pudding in der Form etwas auskühlen lassen, ausgetretene Flüssigkeit abgießen. Mit Dillblättchen garnieren, in der Form in Scheiben schneiden.

Beilagen-Tip: Senf-Sahne-Sauce
1 EL Butter zerlassen, darin 1 gehäuften EL Mehl goldgelb andünsten. 2 EL mittelscharfen Senf unterrühren, mit je 200 ml Fischfond und Sahne ablöschen, dann etwa 5 Min. offen bei mittlerer Hitze köcheln lassen. Sauce mit Salz, Pfeffer, 1 Prise Zucker und etwas Zitronensaft abschmecken.

Dänische Leberpastete

Aus Dänemark · Braucht etwas Zeit

Leverpostej

Zutaten für 6–8 Portionen, für 1 Kasten- oder Pastetenform von 2 l Inhalt:
1 große Zwiebel · 2 Anchovisfilets
300 g Kalbsleber
350 g frischer fetter Speck, ohne Schwarte
(beides vom Metzger durch den Fleischwolf drehen lassen)
300 g Kalbsbrät · 3 Eier
200 g Crème fraîche · Salz
schwarzer Pfeffer, frisch gemahlen
1/2 TL Piment, gemahlen
1/2 TL Nelken, gemahlen
300 g frischer grüner Speck in großen Scheiben
(oder geräucherter Speck)
Lorbeerblätter und Wacholderbeeren zum Garnieren
außerdem: Alufolie

Zubereitungszeit: 45 Min.
(1 Std. 50 Min. Garen + 12 Std. Kühlen)
Bei 8 Portionen pro Portion: 3700 kJ/880 kcal

1 Zwiebel schälen und achteln. Mit den Anchovisfilets im Mixer pürieren.

2 Das Püree mit der durch den Fleischwolf gedrehten Leber-Speck-Mischung, dem Kalbsbrät, den Eiern und der Crème fraîche mischen. Mit Salz, Pfeffer, Piment und Nelkenpulver kräftig würzen. Den Backofen auf 200° vorheizen.

3 Die Form mit überlappenden Speckscheiben auslegen, Lebermasse einfüllen, Speckscheiben darüberklappen. Mit Lorbeerblättern und Wacholderbeeren garnieren.

4 Die Form mit Alufolie oder einem Deckel verschließen. Fettpfanne des Backofens etwa 3 cm hoch mit heißem Wasser füllen, die Form hineinsetzen und Pastete im Backofen (Mitte; Umluft 180°) etwa 1 Std. 50 Min. garen. Dann herausnehmen und die ausgetretene Flüssigkeit vorsichtig abgießen. Pastete abkühlen lassen. Sie dann wieder mit der Folie abdecken und über Nacht in den Kühlschrank stellen.

5 Zum Servieren die Leberpastete aus der Form stürzen, in etwa 1 cm dicke Scheiben schneiden und zu Grau- oder Roggenbrot servieren.

Getränk: Zur Leberpastete schmeckt Bier und ein gut gekühlter Aquavit.

Smørrebrød & Co.

Smørrebrød-Erfinder war 1888 der Wirt Oscar Davidsen.

Smørrebrød ist eine dänische Erfindung und heißt zu deutsch »mit Butter bestrichenes Brot«. Der Belag besteht jedoch nicht einfach aus Butter, sondern z. B. aus der typisch dänischen Leberpastete (S. 32), aus dünnen Scheiben von Schweinebraten, geräuchertem Fisch, Aal, eingelegten Heringen, Krabben oder Käse, von dem es in Dänemark eine große Sortenvielfalt gibt. Smørrebrød ißt man den ganzen Tag über, als zweites Frühstück, als Vorspeise innerhalb eines Menüs, als kalten Mittagsimbiß, »Frokost« genannt, oder zum Abendbrot. Dazu trinkt man Bier und einen kalten Aquavit. Die Schweden lieben ihr »Smörgåsbord«, ein Buffet, das aus allerlei leckeren kalten und warmen Gerichten besteht, von denen sich jeder nach Lust und Laune bedienen kann. Dazu gehören unbedingt die »Köttbullar« (S. 34) und der »Gravad Lax« (S. 29). Es wird hauptsächlich als Mittagsmahlzeit angeboten, natürlich mit dem typischen Knäckebrot. Die norwegische Variante dieser Art von Buffet nennt man »Koldbord«, in Finnland heißt es »Voileipäpöytä«. Wie in allen skandinavischen Ländern kann man auch hier zwischen Salaten, kleinen Fleisch- und Wildgerichten und natürlich den unterschiedlichsten Fischzubereitungen, wie z. B. dem Glasmeisterhering (S. 28) auswählen.

Gewürzschinken

Aus Schweden · Herzhaft

Svenska Kryddskinka

Zutaten für 8 Portionen:
1,5 kg leicht gepökelter Schinken, beim Metzger vorbestellen (ersatzweise Kasseler ohne Knochen)
2 Lorbeerblätter
2 EL Gewürznelken
1 TL Pimentkörner
1 TL Majoran, getrocknet
1 TL Rosmarin, getrocknet
außerdem: Alufolie

Zubereitungszeit: 25 Min. (+ 1 Std. 10 Min. Garen)

Pro Portion: 1900 kJ/450 kcal

1 Backofen auf 200° vorheizen. Den Schinken auf ein großes Stück Alufolie legen. Lorbeerblätter, Gewürznelken, Piment, Majoran und Rosmarin im Mörser zerstoßen, den Schinken rundum damit einreiben und die Folie fest um den Schinken wickeln.

2 Dann im Backofen (Mitte; Umluft 180°) in etwa 1 Std. 10 Min. fertiggaren. Aus dem Ofen nehmen und in der Folie abkühlen lassen. In dünne Scheiben aufschneiden und mit Vollkornbrot servieren.

Getränk: Zum Gewürzschinken schmeckt »Glögg«, der schwedische Rotweinpunsch.

Variante: Schwedischer Weihnachtsschinken (Ugnsbakad Julskinka)
1,5 kg leicht gepökelten Schinken mit der Schwarte nach oben auf einen Bratrost legen. Fettpfanne mit Alufolie auslegen und unter den Rost schieben. Schinken im vorgeheizten Backofen bei 200° (Mitte; Umluft 180°) etwa 1 Std. garen. Aus dem Ofen nehmen, die Schwarte entfernen, solange der Schinken noch warm ist. 1 Eigelb mit 1 TL Zucker und 2 EL mittelscharfem Senf verrühren, den Schinken damit bestreichen. Mit 2 EL Paniermehl bestreuen, wieder in den Ofen geben und bei 225° (Mitte; Umluft 200°) 5–10 Min. überbacken, bis er bräunt. Abkühlen lassen und dann in Scheiben schneiden.

Fleischbällchen

Aus Schweden · Gelingt leicht

Köttbullar

Zutaten für etwa 16 Stück:
75 g Paniermehl
7 EL Sahne
1 mittelgroße Zwiebel
200 g Rinderhackfleisch
200 g mageres Schweinehackfleisch
Salz
schwarzer Pfeffer, frisch gemahlen
1 Prise Nelken, gemahlen
1 Ei
3 EL Speiseöl

Zubereitungszeit: 50 Min.

Pro Stück: 490 kJ/120 kcal

1 Paniermehl mit Sahne und 6 EL Wasser in einer großen Schüssel verrühren und zugedeckt etwa 5 Min. quellen lassen.

2 Inzwischen die Zwiebel schälen, ganz fein hacken, mit dem Hackfleisch zu der Paniermehlmischung geben und vermengen. Die Masse mit Salz, Pfeffer und Nelkenpulver kräftig würzen, das Ei unterarbeiten und mit angefeuchteten Händen etwa 16 walnußgroße Bällchen formen.

3 Öl in einer großen beschichteten Pfanne erhitzen und die Fleischbällchen portionsweise bei mittlerer Hitze etwa 10 Min. braten. Die Pfanne dabei immer wieder rütteln, damit alle Bällchen gleichmäßig bräunen. Nach Belieben mit Salzkartoffeln, Preiselbeerkompott und einem gemischten Salat servieren.

Variante: Hackbraten (Köttfärslimpa)
Fleischteig wie oben angegeben zubereiten, dann daraus mit angefeuchteten Händen einen länglichen Braten formen und in eine gefettete feuerfeste Form legen. Mit 1 verquirlten Ei bestreichen und mit 2 EL Semmelbröseln bestreuen. Im vorgeheizten Backofen bei 175° (Mitte; Umluft 160°) etwa 45 Min. braten.

Karelischer Fleischtopf

Aus Finnland · Braucht etwas Zeit

Karjalanpaisti

Zutaten für 6 Portionen:
je 200 g Hammelfleisch (Schulter),
Kalbfleisch (Nacken),
Rindfleisch (Hals),
Schweinefleisch (Brust)
2 Zwiebeln · etwa 50 g Sellerieknolle
2 EL Speiseöl · 4 Pimentkörner
1 Lorbeerblatt · Salz
schwarzer Pfeffer · 1 l Fleischbrühe
500 g Kartoffeln, mehligkochend
200 g Möhren · 300 g Champignons
Saft von 1/2 Zitrone
Zubereitungszeit: 50 Min.
(+ 1 Std. 50 Min. Garen)
Pro Portion: 1400 kJ/330 kcal

1 Backofen auf 200° vorheizen. Das Fleisch in Würfel von etwa 3 cm Kantenlänge schneiden. Zwiebeln schälen und in Ringe schneiden. Sellerie waschen, schälen und kleinwürfeln.

2 Das Öl in einem Bräter erhitzen, die Fleischwürfel darin sortenweise rundum bei starker Hitze etwa 3 Min. anbraten, herausnehmen. Das angebratene Fleisch wieder in den Bräter geben, Zwiebeln, Sellerie, Piment und Lorbeerblatt hinzufügen, alles salzen und pfeffern und mit der Hälfte der Fleischbrühe aufgießen. Den Bräter zugedeckt in den Backofen (Mitte; Umluft 180°) stellen und alles etwa 50 Min. garen.

3 Inzwischen Kartoffeln und Möhren schälen, waschen und in feine Scheiben hobeln. Champignons putzen, in dünne Scheibchen schneiden und sofort mit dem Zitronensaft beträufeln.

4 Das Gemüse mit der restlichen Fleischbrühe in den Topf geben und zugedeckt in etwa 1 Std. fertiggaren.

Kalbfleisch in Dillsauce

Aus Schweden · Braucht etwas Zeit

Dillkött

Zutaten für 4 Portionen:
2 TL Salz · 1 TL Pfefferkörner
3 Gewürznelken · 1 Lorbeerblatt
1 kg Kalbsbrust · 1 Möhre
1 Zwiebel · 1 Bund Dill

Für die Sauce:
2 EL Butter · 2 EL Mehl
150 g Sahne · Salz
weißer Pfeffer, frisch gemahlen
1 TL Zitronensaft zum Abschmecken
1 ganz frisches Eigelb
zum Garnieren:
einige Stengel Dill

Zubereitungszeit: 45 Min.
(+ 1 Std. 20 Min. Garen)

Pro Portion: 2300 kJ/550 kcal

1 In einem großen Topf 1 1/2 l Wasser mit Salz, Pfefferkörnern, Gewürznelken und Lorbeerblatt bei starker Hitze aufkochen. Fleisch hineinlegen, Temperatur zurückschalten und es zugedeckt bei schwacher Hitze etwa 1 Std. köcheln lassen. Evtl. entstehenden Schaum abschöpfen.

2 Dann Möhre und Zwiebel schälen, mit in den Topf geben. Dill waschen, zwei Drittel der Zweige zur Brühe geben und alles weitere 20 Min. ziehen lassen. Das Fleisch herausnehmen, die Brühe durch ein Sieb gießen und auffangen.

3 Für die Sauce die Butter in einem kleinen Topf schmelzen lassen, Mehl darin goldgelb andünsten. 1/2 l der Kalbsbrühe und die Sahne langsam mit einem Schneebesen unterrühren und die Sauce offen bei mittlerer Hitze in etwa 5 Min. dicklich einkochen lassen.

4 Vom restlichen Dill die Blättchen abzupfen und fein hacken. Die Sauce mit Salz, Pfeffer und Zitronensaft abschmecken. Das Eigelb mit etwa 2 EL Sauce verrühren, dann zur heißen, aber nicht kochenden Sauce rühren, den Dill einstreuen. Das Fleisch in Scheiben schneiden und in der Sauce etwa 5 Min. ziehen lassen. Dann mit den Dillstengeln garnieren, mit Reis oder Salzkartoffeln servieren.

Wichtiger Hinweis: Bitte verwenden Sie nur ganz frische Eier von freilaufenden Hühnern, um das Salmonellenrisiko zu verringern.

Rote Grütze mit Sahne

Aus Dänemark · Sommerdessert

Rødgrød med fløde

Zutaten für 4–6 Portionen:
je 250 g Himbeeren,
rote und schwarze Johannisbeeren
1/4 l Johannisbeersaft · 80 g Zucker
25 g Speisestärke · 250 g Sahne
Zubereitungszeit: 45 Min.
(+ 1 Std. Kühlen)
Bei 6 Portionen pro Portion:
1100 kJ/260 kcal

1 Beeren waschen, Stiele und Stielansätze entfernen. Zwei Drittel der Früchte mit dem Saft in einen Topf füllen. Zucker dazugeben, bei schwacher Hitze aufkochen und etwa 5 Min. köcheln lassen. Die Beeren durch ein feines Sieb streichen und das Püree wieder in den Topf füllen. Die Speisestärke mit 1/8 l kaltem Wasser anrühren, zum Püree geben und weitere 3 Min. köcheln lassen. Nach etwa 1 Min. die restlichen Beeren dazugeben.

2 Die Grütze in eine Schüssel füllen, abkühlen lassen und für mind. 1 Std. in den Kühlschrank stellen. Je nach Geschmack entweder mit flüssiger oder leicht geschlagener Sahne servieren.

Rahmwaffeln

Aus Schweden · Gelingt leicht

Rommevafler

Zutaten für 8 Stück:
500 g frische Beeren
(z.B. Johannisbeeren, Brombeeren)
100 g weiche Butter · 5 EL Zucker
1 TL abgeriebene Schale von
1 unbehandelten Zitrone
6 cl schwarzer Johannisbeerwodka
2 Eier
Mark von 1 Vanilleschote
150 g Mehl · 250 g saure Sahne
Salz · Fett für das Waffeleisen
Zubereitungszeit: 1 Std.
Pro Stück: 1300 kJ/310 kcal

1 Beeren waschen, Stiele und Stielansätze entfernen. 1 EL Butter erhitzen und die Beeren darin etwa 10 Min. bei mittlerer Hitze zugedeckt dünsten, nach etwa 5 Min. 2 EL Zucker und Zitronenschale dazugeben. Wodka untermischen, aufkochen, vom Herd nehmen, Sauce abkühlen lassen.

2 Die Eier trennen. Restliche Butter mit restlichem Zucker schaumig rühren. Das Vanillemark mit den Eigelben darunterschlagen.

3 Das Mehl dazusieben, saure Sahne und 1 Prise Salz unterrühren. Den Teig etwa 15 Min. zugedeckt quellen lassen. Die Eiweiße in einem fettfreien Gefäß mit 1 Prise Salz steif schlagen und vorsichtig unter den Waffelteig heben.

4 Das Waffeleisen einfetten, jeweils etwa 2–3 EL Teig hineingeben und nacheinander 8 Waffeln goldgelb ausbacken. Warm oder kalt mit der Beerensauce servieren.

Pflaumencreme

Aus Finnland · Gelingt leicht

Luumukermahyytelö

Zutaten für 4 Portionen:
400 g Pflaumen · 1 EL Zitronensaft
4 Blatt weiße Gelatine
1 ganz frisches Ei · 65 g Zucker
1 TL Vanillezucker · 250 g Sahne
zum Garnieren: Pflaumenspalten
Zubereitungszeit: 30 Min.
(+ 2 Std. Kühlen)
Pro Portion: 1500 kJ/360 kcal

1 Pflaumen waschen, entsteinen, dann mit Zitronensaft im Mixer pürieren. Gelatine etwa 5 Min. in kaltem Wasser einweichen. Ei mit Zucker und Vanillezucker schaumig schlagen.

2 Sahne steif schlagen. Gelatine ausdrücken, in einen kleinen Topf geben, im leicht siedenden Wasserbad auflösen und unter das Pflaumenpüree rühren. Eiercreme mit zwei Drittel der Schlagsahne gleichmäßig unterheben.

3 Die Creme in eine Schüssel füllen und für etwa 2 Std. kalt stellen. Mit der restlichen Schlagsahne sowie Pflaumenspalten garnieren und servieren (s. Wichtiger Hinweis, S.37).

Mandelkuchen

Aus Norwegen · Gelingt leicht

Toril Bös Mandel Kake

Zutaten für 8–12 Stücke, für 1 Springform von 24 cm Ø:
4 ganz frische Eier
130 g Zucker
200 g gemahlene Mandeln
1 EL Mehl · 1/2 TL Backpulver
Fett für die Form
1 Päckchen Vanillezucker
100 g Sahne
100 g weiche Butter

Zubereitungszeit: 45 Min. (+ 30 Min. Backen)

Bei 12 Stücken pro Stück: 1100 kJ/260 kcal

1 Den Backofen auf 180° vorheizen. Die Eier trennen und die Eiweiße in einem fettfreien Gefäß zu steifem Schnee schlagen, dabei 80 g Zucker dazurieseln lassen. Dann Mandeln, Mehl und Backpulver unterheben.

2 Die Springform einfetten, den Teig hineinfüllen und im Backofen (Mitte; Umluft 160°) etwa 30 Min. backen.

3 Inzwischen die Eigelbe mit dem restlichen Zucker und dem Vanillezucker in einer Rührschüssel cremig schlagen. Die Masse in einen Topf füllen, die Sahne untermischen und alles im leicht siedenden Wasserbad bei schwacher Hitze erwärmen. Weiterschlagen, bis die Sauce wieder cremig ist. Nach und nach die Butter dazugeben.

4 Den Kuchen aus der Springform nehmen und auf einem Gitter auskühlen lassen. Dann mit der lauwarmen Creme überziehen und bei Zimmertemperatur ganz abkühlen lassen.

Wichtiger Hinweis: Bitte verwenden Sie nur ganz frische Eier von freilaufenden Hühnern, um das Salmonellenrisiko zu verringern.

Quarkkuchen

Aus Finnland · Braucht etwas Zeit

Rahkapiirakka

Zutaten für 16 Stück,
für 1 Backblech von 37 x 34 cm:
Für den Teig:
75 g Butter · 50 g Zucker · 1 Ei
1/2 Würfel Hefe (etwa 20 g)
200 ml Milch
1 Prise Salz · 300 g Weizenmehl
Fett für das Backblech
(oder Backpapier)
Für den Belag: 40 g Rosinen
500 g Quark (Magerstufe)
75 g Zucker · 200 g Sahne · 2 Eier
1/2 TL Vanillezucker
Saft von 1/2 Zitrone

Zubereitungszeit: 30 Min.
(+ 1 Std. Gehen lassen
+ 35 Min. Backen)
Pro Stück: 980 kJ/230 kcal

1 Für den Teig Butter und Zucker mit den Schneebesen des Handrührgeräts in einer Schüssel schaumig schlagen. Das Ei aufschlagen und unterrühren.

2 Die Hefe zerbröckeln und in 1 EL lauwarmer Milch auflösen, mit dem Salz und der restlichen Milch zu den Zutaten in die Schüssel geben. Nach und nach das Mehl unterkneten. Teig zugedeckt an einem warmen Ort etwa 30 Min. gehen lassen.

3 Das Backblech einfetten oder mit Backpapier auslegen. Den Teig etwa 1 cm dick darauf ausrollen, weitere 30 Min. gehen lassen. Den Backofen auf 200° vorheizen.

4 Für den Belag inzwischen Rosinen waschen, gut trockentupfen. Dann Quark, Zucker, Sahne und Eier in einer Schüssel glattrühren. Rosinen, Vanillezucker und Zitronensaft untermischen. Quarkmasse auf dem Teigboden gleichmäßig verteilen und den Kuchen im Backofen (Mitte; Umluft 180°) etwa 35 Min. backen.

Variante: Süßes Hefegebäck
(Vetebröd – Schweden)
Hefeteig wie oben angegeben zubereiten, daraus 8 gleichgroße Bällchen formen und zugedeckt 20 Min. gehen lassen. Dann auf ein gefettetes Blech setzen, mit 1 verquirlten Eigelb bestreichen und mit 2 EL Hagelzucker bestreuen. Im Backofen bei 200° (Mitte; Umluft 180°) etwa 15 Min. backen.

GROSSBRITANNIEN UND IRLAND

In ganz Großbritannien wie auch in Irland wird die Frühstückskultur besonders gepflegt. Das »English breakfast«, aus Cornflakes, Ei und Schinken oder Speck, Schweinswürstchen, »Porridge« (Haferbrei), »Kippers« (Räucherheringen), Toast, Butter und der leicht bitter schmeckenden Orangenmarmelade, Grapefruit- oder Orangensaft, ist weltweit zum Begriff geworden. Zum »Lunch« am Mittag ißt man am liebsten in einem nahe gelegenen Pub nur eine Kleinigkeit, wie beispielsweise ein Sandwich, belegt mit Schinken und grünem Salat, Tomaten und Eiern oder dem typisch englischen Cheddar-Käse. Dazu läßt man sich ein »Ale« (Bier) oder ein Glas »Cider«, den berühmten englischen Apfelwein, schmecken. Die heimliche englische Nationalspeise sind jedoch »Fish and Chips«. In den Fish-and-Chips-Läden sucht man sich seinen Lieblingsfisch aus, der dann in Ausbackteig gewendet, fritiert und mit »Chips« (Pommes frites) serviert wird. Am Nachmittag ist die »Tea-Time« ein »must«. Zum Tee werden Gebäck wie »Muffins«, »Shortbread« und Kuchen, aber auch Sandwiches gegessen. Abends und besonders an Wochenenden nimmt man sich mehr Zeit, um zu Hause zu kochen. Besondere Spezialitäten sind Roastbeef, z. B. vom Fleisch der berühmten schottischen Highland-Rinder, und dazu Yorkshire Pudding. Zu Lammgerichten, die es in vielen Varianten gibt, ißt man gerne die sehr typische »Mint sauce« (Pfefferminzsauce). Die Nordsee und der Atlantik bieten eine reiche Auswahl an Fisch und Meeresfrüchten. In Wales befinden sich führende Zuchtfarmen für Schal- und Krustentiere. Aus den kristallklaren Flüssen Schottlands und Irlands wird Wildlachs von erstklassiger Qualität gefischt. Als süßer Abschluß sind Pies und Puddings, von denen der »Plumpudding« der bekannteste ist, sehr beliebt. Klassische Getränke neben Bier sind auch Portwein, Sherry und natürlich Whisky aus Schottland und Whiskey aus Irland.

Lauchsuppe mit Huhn

Cock-a-Leekie

Aus Schottland · Braucht etwas Zeit

Zutaten für 4–6 Portionen:
750 g Suppenknochen
1 Bund Suppengrün
3 Zwiebeln
1 Lorbeerblatt · 2 Nelken
1 TL schwarze Pfefferkörner
Salz
1 Hähnchen (etwa 1 kg), küchenfertig vorbereitet
600 g Lauch · 2 EL Butter
weißer Pfeffer, frisch gemahlen
1 TL Weißweinessig
1 kleiner Bund glatte Petersilie

***Zubereitungszeit:** 45 Min. (+ 2 Std. 10 Min. Garen)*

***Bei 6 Portionen pro Portion:** 1100 kJ/260 kcal*

1 Knochen kalt abspülen und mit 1 1/2 l Wasser in einen großen Topf geben. Suppengrün waschen, grob schneiden und dazugeben. Zwiebeln schälen, eine davon mit Lorbeerblatt und Nelken spicken, mit den Pfefferkörnern in den Topf geben, salzen und alles bei schwacher Hitze aufkochen. Den Schaum abschöpfen und die Brühe etwa 1 Std. zugedeckt bei mittlerer Hitze kochen.

2 Hähnchen innen und außen kalt abspülen, in den Topf geben, nochmals etwa 1 Std. zugedeckt bei mittlerer Hitze kochen, nach etwa 30 Min. das Hähnchen wenden.

3 Inzwischen den Lauch putzen, waschen und in schmale Ringe schneiden. Die restlichen Zwiebeln fein hacken. Das Hähnchen aus der Suppe nehmen, etwas abkühlen lassen, häuten, das Fleisch von den Knochen lösen und kleinschneiden.

4 Butter in einem Topf erhitzen, die Zwiebeln darin bei mittlerer Hitze weich dünsten, den Lauch dazugeben und etwa 3 Min. mitdünsten. Die Hähnchenstücke untermischen. Die Brühe durch ein Sieb darüber gießen. Mit Salz, Pfeffer und Weißweinessig abschmecken, aufkochen und 10 Min. bei mittlerer Hitze köcheln lassen.

5 Petersilie waschen, trockenschütteln, Blättchen abzupfen, fein hacken und vor dem Servieren in die Suppe geben.

Stiltonsuppe

Stilton Soup

Aus England · Gelingt leicht

Zutaten für 4 Portionen:
3 Zwiebeln (etwa 350 g) · 2 EL Butter
2 TL Mehl · 1 l Hühnerbrühe (selbstgemacht oder instant)
200 g Stilton (englischer Blauschimmelkäse, ersatzweise Roquefort)
150 g Sahne · Salz
schwarzer Pfeffer, frisch gemahlen
1 Prise Muskatnuß, frisch gerieben
1 Bund Petersilie

***Zubereitungszeit:** 45 Min.*

***Pro Portion:** 1600 kJ/380 kcal*

1 Zwiebeln schälen und fein hacken. Butter in einem Topf erhitzen und die Zwiebeln darin bei sehr schwacher Hitze etwa 10 Min. dünsten. Das Mehl darüber stäuben, unterrühren und etwa 1 Min. mitdünsten.

2 Mit der Hühnerbrühe aufgießen und bei starker Hitze aufkochen. Temperatur dann herunterschalten. Den Stilton zerkleinern, zur Suppe geben und bei schwacher Hitze so lange rühren, bis er sich ganz aufgelöst hat. Dann die Sahne dazugießen und die Suppe mit Salz, viel Pfeffer und dem Muskat würzen.

3 Die Petersilie waschen, Blättchen abzupfen, fein hacken und vor dem Servieren in die Suppe geben.

Info: Stilton ist der König unter den englischen Käsen. Dieser Edelpilzkäse ist zylinderförmig, etwa 30 cm hoch, 20 cm breit und kann bis zu 8 kg schwer sein. Der cremefarbene Teig ist von vielen blauen Adern durchzogen und leicht bröckelig. Sein milder Geschmack wird mit zunehmender Reife würziger. Er wird gerne zu altem Portwein gereicht, besonders um die Weihnachtszeit.

Welsh Rarebits

Aus Wales · Geht schnell

Überbackene Käseschnitten

Zutaten für 4 Portionen:
200 g Cheddar am Stück
25 g Butter
4 EL helles Bier
Salz
weißer Pfeffer, frisch gemahlen
1 Msp. mittelscharfer Senf oder Senfpulver
1 Spritzer Worcestersauce
2 EL Schweineschmalz
4 Scheiben Toast- oder Kastenweißbrot

Zubereitungszeit: 25 Min.

Pro Portion: 1600 kJ/380 kcal

1 Backofen auf 250° vorheizen. Den Käse grob raspeln oder zerbröckeln. Die Butter in einem Topf bei schwacher Hitze zerlassen, das Bier hinzufügen und erhitzen. Den geraspelten Käse dazugeben und unter Rühren darin auflösen. Mit Salz, Pfeffer, Senf bzw. Senfpulver und Worcestersauce würzen. Die Käsemischung unter Rühren warm halten, aber nicht kochen lassen.

2 Schmalz in einer Pfanne erhitzen und die Toastbrotscheiben darin auf beiden Seiten bei mittlerer Hitze in 2–3 Min. goldbraun rösten, halbieren.

3 Das geröstete Brot auf eine feuerfeste Platte legen, die Käsemischung auf den Brotscheiben verteilen und im Backofen (oben; Umluft 220°) oder unter dem Grill in 3–5 Min. überbacken, bis der Käse bräunt.

Info: Der Name dieses Gerichts wird fälschlicherweise oft auch »Welsh Rabbits« geschrieben, obwohl er nichts mit Kaninchen (»Rabbit«) zu tun hat. Er bedeutet ganz einfach »Walisischer Leckerbissen«.

Tip! Die Käsesauce können Sie auch über gedünstetem Gemüse, z. B. Lauch oder Möhren, verteilen und dann überbacken.

Kedgeree

Aus England · Gelingt leicht

Räucherfisch mit Reis

Zutaten für 4 Portionen:
250 g Langkornreis
Salz
4 Eier
600 g geräucherter Heilbutt
etwa 1/2 l Milch
2 EL Butter
1 EL Currypulver
1 Msp. Cayennepfeffer
1 Bund Petersilie
zum Garnieren: Kresse

Zubereitungszeit: 40 Min.

Pro Portion: 2100 kJ/500 kcal

1 Reis in reichlich Salzwasser bei mittlerer Hitze etwa 25 Min. garen. In ein Sieb abgießen und abtropfen lassen.

2 Inzwischen Eier in einem kleinen Topf mit Wasser bedeckt in etwa 10 Min. hart kochen, abschrecken, abkühlen lassen, pellen und fein hacken.

3 Heilbutt mit der Milch in einen Topf geben und zugedeckt bei schwacher Hitze erwärmen, bis sich die Haut von dem Fisch löst. Den Fisch herausnehmen und zerteilen, dabei Haut und Gräten entfernen.

4 Die Butter in einer großen Pfanne schmelzen, Curry und Cayennepfeffer untermischen und den Reis dazugeben und rühren, bis alle Körnchen gelb sind.

5 Petersilie waschen, Blättchen abzupfen, fein hacken. Zusammen mit dem Fisch und der Hälfte der feingehackten Eier unter den Reis heben, abschmecken und zugedeckt bei schwacher Hitze 3–5 Min. erwärmen. Auf einer Platte anrichten, mit den restlichen feingehackten Eiern bestreuen und nach Belieben mit Kresse garnieren.

Colcannon

Aus Irland · Deftig

Wirsingeintopf

Zutaten für 4–6 Portionen:
1 kg Kartoffeln, mehligkochend
1 kleiner Wirsing (etwa 750 g)
2 mittelgroße Zwiebeln
2 EL Schweineschmalz · Salz
schwarzer Pfeffer, frisch gemahlen
3/8 l Fleischbrühe
(selbstgemacht oder instant)
200 g Sahne · 50 g Butter
200 g Räucherspeck, ohne Schwarte, in Scheiben geschnitten
1 Bund Schnittlauch
außerdem: Zahnstocher

Zubereitungszeit: 45 Min. (+ 50 Min. Garen)

Bei 6 Portionen pro Portion: 2400 kJ/570 kcal

1 Kartoffeln waschen, in einen Topf geben, knapp mit Wasser bedecken und in etwa 30 Min. fertiggaren.

2 Inzwischen den Wirsing putzen, vierteln und den Strunk herausschneiden. Wirsingviertel in schmale Streifen schneiden, waschen und abtropfen lassen. Zwiebeln schälen, halbieren und in Halbringe schneiden.

3 Das Schweineschmalz in einem breiten Topf erhitzen, die Wirsingstreifen mit den Zwiebeln darin bei schwacher Hitze etwa 2 Min. andünsten, salzen und pfeffern. Dann die Fleischbrühe dazugießen und alles etwa 20 Min. bei schwacher Hitze zugedeckt köcheln lassen.

4 Kartoffeln abgießen, schälen und durch eine Kartoffelpresse direkt in den Topf drücken. Sahne und Butter unterrühren, salzen und pfeffern.

5 Die Speckscheiben aufrollen und mit Zahnstochern zusammenstecken. In einer beschichteten Pfanne bei mittlerer Hitze knusprig braten. Den Schnittlauch waschen, kleinschneiden. Den Eintopf in eine Schüssel füllen, mit Schnittlauch bestreuen und die Specksöllchen darauf anrichten.

Tip! Das Gericht kann man auch mit Lauch und Milch, statt Zwiebeln und Fleischbrühe kochen. Statt des Specks drückt man eine Vertiefung in den Eintopf und füllt sie mit flüssiger Butter.

Irish Stew

Aus Irland · Braucht etwas Zeit

Eintopf mit Hammel oder Lamm

Zutaten für 4–6 Portionen:
800 g Hammel- oder Lammnacken, ohne Knochen
400 g mittelgroße Zwiebeln
250 g Möhren
3 EL Speiseöl · Salz
schwarzer Pfeffer, frisch gemahlen
600 ml Fleischbrühe
(selbstgemacht oder instant)
800 g Kartoffeln, mehligkochend
1 Bund glatte Petersilie

Zubereitungszeit: 30 Min. (+ 1 Std. Garen)

Bei 6 Portionen pro Portion: 2600 kJ/620 kcal

1 Fleisch in Würfel von etwa 3 cm Kantenlänge schneiden. Zwiebeln schälen und achteln. Möhren putzen und in dicke Scheiben schneiden.

2 Öl in einem breiten Topf erhitzen und das Fleisch darin portionsweise bei starker Hitze etwa 5 Min. anbraten, dann herausnehmen. Im Bratfett Zwiebeln und Möhren bei mittlerer Hitze etwa 3 Min. anbraten, dann das Fleisch wieder dazugeben. Alles kräftig salzen und pfeffern. Die Fleischbrühe dazugießen, alles zugedeckt etwa 30 Min. bei schwacher Hitze köcheln lassen.

3 Inzwischen die Kartoffeln schälen, waschen und achteln. Die Kartoffeln auf den Eintopf legen, bei starker Hitze aufkochen, dann Temperatur herunterschalten und alles zugedeckt bei schwacher Hitze in weiteren 30 Min. fertiggaren. Den Eintopf abschmecken. Petersilie waschen, trockenschütteln, Blättchen abzupfen und fein hacken und vor dem Servieren auf den Eintopf streuen.

Tip! Dieses irische Rezept gibt es in ungezählten Varianten. Sehr beliebt ist es auch, einen kleinen, in schmale Streifen geschnittenen Weißkohl oder Wirsing mitzugaren.

Roastbeef

Aus England · Deftig

Rinderlende mit Yorkshire Pudding

Zutaten für 4 Portionen, für 4 Förmchen von etwa 14 cm oder 1 Reine von etwa 22 x 22 cm:
Für das Roastbeef:
1 kg Rinderlende, gut abgelagert (Fettschicht vom Metzger kreuzweise einschneiden lassen)
Salz
schwarzer Pfeffer, frisch gemahlen
4 EL Speiseöl
Für den Yorkshire Pudding:
1 Ei · 1 Prise Salz
75 g Mehl
150 ml Milch oder 50 ml Milch und 100 ml Wasser
1–2 EL Schweineschmalz
außerdem: Alufolie

Zubereitungszeit: 2 Std.
Pro Portion: 2800 kJ/670 kcal

1 Backofen auf 250° vorheizen. Das Fleisch mit Salz und Pfeffer einreiben, mit 3 EL Öl bepinseln. Bratrost mit dem restlichen Öl bestreichen, Roastbeef darauf setzen und in den Backofen (Mitte; Umluft 220°) schieben. Fettpfanne daruntersetzen.

2 Roastbeef zunächst 15 Min. braten, dann die Temperatur auf 180° reduzieren und das Fleisch weitere 20–25 Min. garen.

3 Inzwischen für den Yorkshire-Pudding Eier, Salz, Mehl und Milch mit den Schneebesen des Handrührers zu einem glatten Teig verquirlen. Bis zur Weiterverarbeitung ruhen lassen.

4 Das Fleisch aus dem Ofen nehmen, in Alufolie wickeln und 15–20 Min. ruhen lassen. Backofentemperatur auf 250° (Umluft 220°) erhöhen. Portionsförmchen oder Reine mit dem Schmalz einfetten, im Backofen (oben) so heiß werden lassen, daß das Fett brodelt.

5 Förmchen oder Reine aus dem Ofen nehmen, Teig kurz durchrühren und möglichst dünn in die Förmchen oder Reine gießen. Dann im Backofen (oben) etwa 12 Min. backen, bis der Teig aufgegangen und knusprig ist. Ofen während der Backzeit nicht öffnen.

6 Roastbeef aus der Alufolie nehmen, in etwa 1 cm dicke Scheiben schneiden und auf einer Platte anrichten. Yorkshire Pudding aus den Förmchen nehmen oder in der Reine in 4 große Stücke schneiden und zum Roastbeef servieren.

Lammkeule mit Minzsauce

Aus ganz Großbritannien

Roast leg of lamb with mint sauce

Zutaten für 6 Portionen:
3 Knoblauchzehen
500 g Schalotten
1 Lammkeule (etwa 1,5 kg)
Salz
schwarzer Pfeffer, frisch gemahlen
2 EL Speiseöl
3/8 l trockener Weißwein

Für die Sauce:
1 Bund frische Minze
2 EL brauner Zucker
etwa 3 EL Weißweinessig

Zubereitungszeit: 30 Min. (+ 1 Std. Garen)

Pro Portion: 2900 kJ/690 kcal

1 Den Backofen auf 250° vorheizen. Den Knoblauch und die Schalotten schälen, den Knoblauch durch eine Knoblauchpresse drücken. Die Lammkeule mit Salz, Pfeffer und dem Knoblauch einreiben.

2 Das Öl in einem Bräter erhitzen und die Lammkeule darin rundum bei starker Hitze anbraten. Die Schalotten um das Fleisch herum verteilen, kurz mitbraten. Dann den Weißwein angießen und den Bräter zugedeckt in den Backofen (Mitte; Umluft 220°) schieben.

3 Nach etwa 10 Min. die Temperatur auf 200° (Umluft 180°) reduzieren und die Lammkeule weitere 50 Min. braten. Immer wieder mit der Bratenflüssigkeit begießen. 20 Min. vor Garzeitende den Deckel abnehmen.

4 Inzwischen für die Sauce die Minze waschen, die Blättchen abzupfen und fein hacken. Mit dem Zucker und 2 EL heißem Wasser in einer Schüssel verrühren, bis sich der Zucker aufgelöst hat. Mit dem Essig abschmecken.

5 Lammkeule aus dem Backofen nehmen. Das Fleisch in dünne Scheiben schneiden, auf einer vorgewärmten Platte anrichten, mit dem Bratensud beträufeln. Minzsauce dazu reichen. Dazu schmecken Salzkartoffeln und grüne Bohnen oder Möhrengemüse.

Getränk: Zur Lammkeule können Sie »Ale« oder einen spanischen Rioja servieren, der in England sehr beliebt ist.

Steak and Kidney Pie

Aus England · Braucht etwas Zeit

Rindfleisch-Nieren-Pastete

Zutaten für 4 Portionen,
für eine Pieform von etwa 20 cm Ø:
Für die Füllung:
1 Kalbsniere (etwa 250 g),
beim Metzger vorbestellen
750 g Rindfleisch aus der Schulter
2 EL Mehl
1 große Zwiebel
4 EL Speiseöl
Salz
schwarzer Pfeffer, frisch gemahlen
2 TL Worcestersauce
100 ml trockener Rotwein
200 ml Fleischbrühe
(selbstgemacht oder instant)

Für den Teig:
100 g Mehl
1 EL Milch
Salz
50 g Butter
Mehl für die Arbeitsfläche
1 Eigelb

Zubereitungszeit: 1 1/4 Std.
(+ 30 Min. Wässern
+ 45 Min. Garen
+ 25 Min. Backen)

Pro Portion: 2800 kJ/670 kcal

1 Die Kalbsniere der Länge nach aufschneiden und die weißen Stränge herausschneiden. Die Nierenhälften abspülen und für mindestens 30 Min. in kaltes Wasser legen.

2 Das Rindfleisch waschen, trockentupfen, kleinwürfeln und mit 1 EL Mehl bestäuben. Zwiebel schälen und fein hacken. 3 EL Öl in einem Topf erhitzen, das Fleisch darin portionsweise bei starker Hitze anbraten, herausnehmen. Dann das gesamte Fleisch wieder in den Topf geben, die Zwiebel hinzufügen und alles mit Salz, Pfeffer und Worcestersauce würzen. Mit dem Rotwein ablöschen, die Fleischbrühe dazugießen, aufkochen und zugedeckt bei mittlerer Hitze etwa 45 Min. köcheln lassen.

3 Inzwischen für den Teig das Mehl in eine Schüssel füllen, mit der Milch, dem Salz und der Butter zu einem geschmeidigen Teig verkneten. Den Teig zur Kugel formen und zugedeckt für etwa 15 Min. in den Kühlschrank stellen. Dann aus 3/4 des Teiges auf einer bemehlten Arbeitsfläche eine Platte in der Größe der Pieform ausrollen.

4 Backofen auf 200° vorheizen. Die Nierenhälften abgießen, nochmals abspülen, trockentupfen und in dünne, etwa 1/2 cm dicke Scheiben schneiden. Mit dem restlichen Mehl bestäuben und in einer Pfanne im restlichen Öl rundum bei mittlerer Hitze 3–4 Min. anbraten. Mit Salz und Pfeffer würzen.

5 Die Nierenscheiben unter das Rindfleisch mischen, beiseite stellen und etwas abkühlen lassen.

6 Die Fleischmischung in die Pieform füllen, die Teigplatte darauflegen. In der Mitte ein Loch für den Dampfabzug ausstechen. Restlichen Teig ausrollen, etwa 1 cm breite Streifen ausradeln und gitterförmig über die Teigplatte legen. (Dampfabzug aussparen.) Das Eigelb mit 1 EL Wasser verquirlen und die Teigoberfläche damit bestreichen. Im Backofen (Mitte; Umluft 180°) in etwa 25 Min. fertigbacken.

Getränk: Zum Steak and Kidney Pie schmeckt Bier, z. B. ein Guiness oder Stout.

Apple Pie

Aus England · Braucht etwas Zeit

Apfelkuchen

Zutaten für 8 Stücke,
für eine Pieform von etwa 24 cm Ø:
Für den Teig:
250 g Mehl · 1 Msp. Backpulver
1/2 TL Salz
2 EL Zucker · 1 Ei
60 g eiskalte Butter
Fett für die Form
Mehl für die Arbeitsfläche

Für die Füllung:
750 g Äpfel (säuerliche Sorte)
Saft und Schale von
1/2 unbehandelten Zitrone
3 EL Zucker
1/2 TL Nelken, gemahlen
Puderzucker zum Bestäuben

Zubereitungszeit: 50 Min.
(+ 30 Min. Ruhen + 40 Min. Backen)

Pro Stück: 1000 kJ/240 kcal

1 Für den Teig das Mehl in eine Schüssel sieben, Backpulver, Salz und Zucker hinzufügen. Das Ei trennen, das Eigelb, die Butter in Flocken und 3 EL kaltes Wasser dazugeben und alles zu einem geschmeidigen Teig verarbeiten. Zu einer Kugel formen und zugedeckt etwa 30 Min. im Kühlschrank ruhen lassen.

2 Inzwischen für die Füllung die Äpfel schälen, vierteln, Kerngehäuse entfernen, Apfelviertel in dünne Scheiben schneiden. Mit dem Zitronensaft beträufeln und mit der abgeriebenen Zitronenschale, dem Zucker und dem Nelkenpulver in einer Schüssel mischen.

3 Den Backofen auf 175° vorheizen. Die Pieform einfetten. Zwei Drittel des Teiges auf einer bemehlten Arbeitsfläche ausrollen und den Boden der Form damit auslegen. Die Äpfel so darauf verteilen, daß dabei außen rundum ein etwa 2 cm breiter Rand freibleibt. Das Eiweiß leicht schlagen und den Rand damit bestreichen.

4 Das zurückbehaltene Drittel Teig bis auf einen kleinen Rest zu einer Platte in Größe der Form ausrollen und über die Äpfel legen. Den Rand mit einer Gabel fest zusammendrücken. In der Mitte der Teigplatte ein kreisförmiges Loch von etwa 2 cm Durchmesser ausstechen. Aus dem restlichen Teig Blätter formen und die Oberfläche damit verzieren.

5 Im Backofen (Mitte; Umluft 160°) etwa 40 Min. backen. Noch lauwarm mit Puderzucker bestäuben. Mit Custard (dicke Vanillesauce) oder Schlagsahne servieren.

Stachelbeercreme

Aus England · Erfrischend

Gooseberry Fool

Zutaten für 4 Portionen:
750 g frische Stachelbeeren
oder 2 Gläser Stachelbeeren
(à 395 g Abtropfgewicht)
100–150 g Zucker
250 g Sahne
zum Garnieren:
Sahne, Puderzucker, Stachelbeeren
und Minzeblättchen

Zubereitungszeit: 15 Min.
(+ 30 Min. Garen + 30 Min. Kühlen)

Pro Portion: 1800 kJ/430 kcal

1 Von den frischen Stachelbeeren die Stielansätze entfernen, Beeren waschen und abtropfen lassen. Eingelegte Stachelbeeren in ein Sieb schütten, abtropfen lassen, Saft dabei auffangen.

2 Für die frischen Stachelbeeren 1/2 l Wasser mit 50 g Zucker in einem Topf bei starker Hitze aufkochen. Die Stachelbeeren dazugeben und bei mittlerer Hitze im Topf offen 30 Min. köcheln lassen. Stachelbeeren aus dem Glas mit 3/4 l der Abtropfflüssigkeit und 100 g Zucker etwa 20 Min. offen köcheln lassen.

3 Den Stachelbeerbrei in ein Sieb abgießen, durchpassieren und das Püree abkühlen lassen. Die Sahne mit 50 g Zucker steif schlagen und unter das Püree heben. Die Creme in Gläser füllen und mindestens 30 Min. kalt stellen. Nach Belieben mit geschlagener Sahne, Puderzucker, Stachelbeeren und Minzeblättchen garnieren.

Tip! Statt der Stachelbeeren können Sie auch jede andere Beerensorte, je nach Saison, verwenden.

Scones

Aus Schottland · Gelingt leicht

Teebrötchen

Zutaten für 6–8 Stück:
250 g Mehl
3 TL Backpulver
50 g Butter
150 ml Milch
1 TL Zucker
1 Prise Salz
Mehl für die Arbeitsfäche
Fett für das Backblech

Zubereitungszeit: 40 Min.
(+ 15 Min. Ruhen + 20 Min. Backen)

Pro Stück: 740 kJ/180 kcal

1 Mehl und Backpulver in eine Schüssel sieben und in der Mitte eine Mulde formen. Die Butter in Stückchen schneiden und auf dem Rand verteilen. Milch, Zucker und Salz in die Mulde geben und alles zu einem geschmeidigen Teig verrühren. Nochmals mit den Händen gut durchkneten, den Teig zu einer Kugel formen und etwa 15 Min. zugedeckt in den Kühlschrank stellen.

2 Den Backofen auf 220° vorheizen. Den Teig auf einer bemehlten Arbeitsfläche etwa 2 1/2 cm dick ausrollen. Mit einer Ausstechform oder einem Glas Scones von etwa 5 cm Durchmesser ausstechen. Backblech fetten, Scones darauf setzen und im Backofen (Mitte; Umluft 200°) in etwa 20 Min. fertigbacken. Die Scones noch warm mit Butter oder Clotted cream (Sahne) und Erdbeermarmelade servieren.

Varianten: Sie können die Scones auch mit 2 EL Honig, der abgeriebenen Schale von 1 unbehandelten Zitrone und 1 EL gehackte Walnüsse oder 75 g Sultaninen oder frischen Beeren verfeinern. Wenn Sie die Teebrötchen lieber pikant mögen, geben Sie 1 kleingehackte, gedünstete Zwiebel, 100 g geriebenen Cheddar oder 2 EL frische, kleingehackte Kräuter in den Teig.

Tea-Time

Die Briten sind Weltmeister im Tee-Trinken. Es beginnt schon frühmorgens mit dem »Early-Morning-Tea«, einer ersten Tasse Tee, die man gerne noch vor dem Aufstehen zu sich nimmt. Die Tradition des Nachmittags-Tees soll um 1840 von der Herzogin von Bedford eingeführt worden sein. Noch heute wird der typische »Five-o'-clock-tea« in Londoner Nobel-Hotels serviert. Dazu werden Scones mit Marmelade und »Clotted cream« (Sahne), typisch englische Kuchen, Shortbread, Muffins und anderes Kleingebäck gereicht. In Nordengland ist der »High-Tea« eine frühe Abendmahlzeit, zu der es außer Gebäck auch noch Sandwiches gibt. Die Teezubereitung unterliegt einer liebenswerten Zeremonie. Um perfekten Tee zu bekommen, muß immer frisches Wasser verwendet und die Teekanne vorgewärmt werden. Pro Tasse rechnet man etwa 1 Teelöffel Teeblätter und einen zusätzlichen für die Kanne, »one for the pot«, wie der Engländer sagt. Dann wird sprudelnd kochendes Wasser in die Kanne gegossen, und man läßt den Tee 2 bis 5 Minuten ziehen. Dann wird der Tee entweder pur, mit Milch oder Zitrone getrunken.
Sehr beliebte Teesorten sind in Großbritannien der Darjeeling, Ceylon Orange Pekoe, Earl Grey und der typisch englische Breakfast Tea.

Auch in kleinen Pensionen trifft man sich zur Tea-Time.

Früchtekuchen

Aus England · Gelingt leicht

Fruitcake

Zutaten für 8 Stücke, für 1 Springform von 24 cm Ø:
250 g weiche Butter · 250 g Zucker
5 Eier · 300 g Mehl
1 Päckchen Backpulver
75 g gemahlene Mandeln
200 g Rosinen
100 g gewürfelte, kandierte Früchte
abgeriebene Schale von 1 unbehandelten Orange
2 EL Sherry (Amontillado)
Fett für die Form
50 g geschälte Mandeln
außerdem: Alufolie

Zubereitungszeit: 30 Min. (+ 1 ½ Std. Backen)
Pro Stück: 3100 kJ/740 kcal

1 Die Butter mit dem Zucker in einer Schüssel cremig schlagen, die Eier nach und nach dazugeben. Mehl und Backpulver darüber sieben und einarbeiten. Gemahlene Mandeln, Rosinen, kandierte Früchte, Orangenschale und den Sherry untermischen.

2 Backofen auf 180° vorheizen. Die Form einfetten, den Teig hineinfüllen, Oberfläche glattstreichen und mit den Mandeln garnieren. Im Backofen (Mitte; Umluft 160°) etwa 1 ½ Std. backen. Nach etwa 30 Min. den Kuchen mit Alufolie abdecken, damit die Oberfläche nicht zu dunkel wird.

3 Kuchen aus der Form lösen und auf einem Kuchengitter abkühlen lassen.

Variante: Ingwerkuchen
(Ginger Cake – Wales)
Backofen auf 180° vorheizen. 2 Eier mit 100 g braunem Zucker schaumig schlagen. 2 cm frischen Ingwer schälen, fein reiben, 75 g Butter schmelzen lassen und mit dem Ingwer zu den Eiern geben. 200 g Mehl und 1 TL Backpulver darüber sieben, mit je 50 g kleingehacktem Orangat und Zitronat, 1 TL Zimt, ½ TL gemahlenen Nelken und 3 EL Crème double oder Clotted cream unterarbeiten. Eine Kastenform fetten, mit Semmelbröseln ausstreuen, den Teig einfüllen und den Kuchen im Backofen (Mitte; Umluft 160°) etwa 45 Min. backen. Aus der Form stürzen, abkühlen lassen und mit Puderzucker bestäuben.

Shortbread

Aus Schottland · Gelingt leicht

Mürbeteigplätzchen

Zutaten für etwa 40 Stück:
250 g weiche Butter
125 g Zucker
350 g Mehl
1 Prise Salz
Mehl für die Arbeitsfläche
Fett für das Blech
nach Belieben: Zucker zum Wenden

Zubereitungszeit: 25 Min. (+ 20 Min. Backen)

Pro Stück: 390 kJ/93 kcal

1 Backofen auf 175° vorheizen. Butter und Zucker mit den Schneebesen des Handrührgeräts schaumig rühren. Nach und nach Mehl und Salz dazugeben, alles zu einem geschmeidigen Teig verarbeiten und zum Schluß nochmals gut mit der Hand durchkneten.

2 Den Teig auf einer bemehlten Arbeitsfläche gut ½ cm dick ausrollen. Mit einer runden Ausstechform oder einem Glas von etwa 4 cm Durchmesser Plätzchen ausstechen. Mit einer Gabel die Plätzchen mehrmals an der Oberfläche einstechen. Backblech einfetten, Plätzchen darauf setzen.

3 Plätzchen im Backofen (Mitte; Umluft 160°) etwa 20 Min. backen, bis sie leicht gebräunt sind. Dann herausnehmen, nach Belieben in Zucker wenden und abkühlen lassen.

Tip! Shortbread hält sich besonders lange, wenn Sie es in einer gut schließenden Blechdose aufbewahren.

Gouda

BENELUX-LÄNDER

Zu den »Beneluxländern« gehören Belgien, die Niederlande und Luxemburg. Die Belgier verstehen zu genießen und haben Sinn für gutes Essen, wie man den Bildern des flämischen Malers Pieter Brueghel entnehmen kann. Schon im 16. Jahrhundert verewigte er lustvolle kulinarische Feste auf der Leinwand. Die belgische Küche wurde einerseits von der französischen, andererseits von der derberen niederländischen Küche beeinflußt. Chicorée ist das belgische Nationalgemüse, für das es eine Vielzahl verschiedener Rezepte gibt. Außerdem sind die Fische und Meeresfrüchte von der Küste von Bedeutung sowie der berühmte Ardenner Schinken. Zum Essen trinkt man Bier, von dem es viele Sorten gibt. Besonders zu erwähnen sind noch die weltberühmten belgischen Pralinen.

In den Niederlanden gibt es nach einem üppigen Frühstück zur Mittagszeit nur einen kleinen »Lunch«. Für den Nachmittag wird oft die »Nederlandse Koffietafel« gedeckt: Neben Käse, Sülzen, Wurst, Schinken, gebratenem Fleisch, Speckpfannkuchen und Käsekroketten gibt es auch Kuchen und Gebäck sowie natürlich ein Täßchen Kaffee, »Kopje Koffie« genannt. So gegen 18.00 Uhr, bevor man nach Hause zum Abendessen geht, trifft man sich in einer kleinen Bar beim »Borrel«. Zu kleinen Häppchen, »Borrelhapjes«, trinkt man Genever, einen Wacholderschnaps, und geht dann zum Abendessen, in Holland die Hauptmahlzeit, nach Hause.

Herzhaft und üppig mögen es die Luxemburger. Deftige Fleisch- und Gemüsegerichte sowie Eintöpfe bestimmen den kulinarischen Alltag des Großherzogtums. Doch auch Liebhaber der feinen Küche kommen voll auf ihre Kosten. Von großer Bedeutung ist in Luxemburg der Wein von den Weinbergen der Mosel, die das Land durchfließt. Der größte Teil der Produktion wird im Land selbst getrunken.

Kopfsalatsuppe

Aus Belgien · Gelingt leicht

Potage aux laitues

Zutaten für 4 Portionen:
2 Kopfsalate (je etwa 350 g)
Salz
1 Zwiebel
2 EL Butter
1 gehäufter EL Mehl
3/4 l Fleischbrühe (selbstgemacht oder instant)
200 g Sahne
weißer Pfeffer, frisch gemahlen
Muskatnuß, frisch gerieben
Zitronensaft nach Belieben

Zubereitungszeit: 30 Min.

Pro Portion: 1000 kJ/240 kcal

1 Salat putzen, in einzelne Blätter teilen und waschen. Reichlich Salzwasser aufkochen und die Salatblätter darin kurz sprudelnd kochen. Dann in ein Sieb geben, eiskalt abschrecken, gut abtropfen lassen, den Salat in schmale Streifen schneiden.

2 Die Zwiebel schälen und fein hakken. Die Butter in einem Topf schmelzen lassen, die Zwiebel darin bei schwacher Hitze glasig andünsten. Mit dem Mehl bestäuben und goldgelb werden lassen. Nach und nach Fleischbrühe und Sahne unter Rühren dazugeben und etwa 10 Min. bei mittlerer Hitze offen köcheln lassen.

3 Die Salatstreifen bis auf 4 EL dazugeben und den Topfinhalt pürieren. Die Suppe mit Salz, Pfeffer, Muskat und Zitronensaft kräftig würzen und weitere 5 Min. köcheln lassen. Die Suppe in Tassen oder in tiefe Teller füllen, mit den restlichen Salatstreifen bestreuen und servieren.

Variante: Chicoréesuppe
(Potage aux chicorées)
Statt Kopfsalat 500 g Chicorée putzen, waschen und den bitteren Kern am unteren Ende der Stauden herausschneiden. Chicorée in schmale Streifen schneiden und nach oben angegebenem Rezept weiterverarbeiten. Nach Belieben können Sie noch 150 g ausgebratene Speckwürfel und 1 Bund gehackte Petersilie unter die Suppe mischen.

Grüne Bohnensuppe

Aus Luxemburg · Traditionell

Bouneschlupp

Zutaten für 4 Portionen:
600 g frische grüne Bohnen
1 Zwiebel · 1 Möhre
1 Stück Sellerie (etwa 100 g)
1 kleine Stange Lauch
2 EL Butter · Salz
schwarzer Pfeffer, frisch gemahlen
1 EL Mehl
1 l Fleischbrühe
(selbstgemacht oder instant)
1 Bund Bohnenkraut
400 g Kartoffeln, mehligkochend
1 EL Kräuteressig
100 g saure Sahne

Zubereitungszeit: 45 Min.
(+ 25 Min. Garen)

Pro Portion: 1000 kJ/240 kcal

1 Bohnen putzen, waschen und schräg in etwa 1 ½ cm breite Stücke schneiden. Zwiebel, Möhre und den Sellerie schälen und kleinwürfeln. Den Lauch putzen, waschen und in feine Ringe schneiden. Die Butter in einem Topf erhitzen. Zwiebel, Möhre, Sellerie und Lauch darin bei mittlerer Hitze etwa 5 Min. andünsten.

2 Die Bohnen dazugeben, alles salzen, pfeffern, mit dem Mehl bestäuben, umrühren und mit der Fleischbrühe aufgießen. Das Bohnenkraut waschen, trockenschütteln, dazugeben und alles zugedeckt bei mittlerer Hitze etwa 10 Min. köcheln lassen.

3 Inzwischen die Kartoffeln schälen, waschen, in Würfel von etwa 1 cm Kantenlänge schneiden und unter die Suppe mischen. Alles in etwa 15 Min. bei mittlerer Hitze fertiggaren.

4 Dann das Bohnenkraut entfernen und wegwerfen. Die Suppe mit Salz, Pfeffer und Kräuteressig kräftig abschmecken. Zum Schluß die saure Sahne unterrühren, die Suppe dann aber nicht mehr aufkochen, weil sie sonst gerinnt.

Getränk: Zu dieser Suppe paßt ein Riesling von der Mosel.

Waterzooi mit Poularde

Aus Belgien · Braucht etwas Zeit

Flämischer Hühnereintopf

Zutaten für 6–8 Portionen:
1 kleiner Blumenkohl (etwa 750 g)
2 Zucchini (je etwa 100 g)
100 g frische grüne Bohnen
200 g Möhren
250 g kleine Kartoffeln, festkochend
Salz
1 Zwiebel
2 Stangen Staudensellerie
1 Stange Lauch
1 Zweig Thymian
2 Lorbeerblätter
1 Gewürznelke
10 weiße Pfefferkörner
1 Poularde (etwa 1,5 kg), küchenfertig vorbereitet
1 Bund Petersilie
200 g Sahne
weißer Pfeffer, frisch gemahlen

Zubereitungszeit: 1 Std. (+ 1 Std. Garen)

Bei 8 Portionen pro Portion: 1400 kJ/330 kcal

1 Blumenkohl, Zucchini und Bohnen putzen, waschen und abtropfen lassen. Blumenkohl in ganz kleine Röschen teilen. Bohnen je nach Größe halbieren. Möhren und Kartoffeln schälen, waschen und mit den Zucchini in streichholzgroße Streifen schneiden.

2 In einem großen Topf 2 ¼ l Salzwasser aufkochen, das Gemüse darin in 3–5 Min. knackig garen. Durch ein Sieb abgießen, Gemüsebrühe auffangen. Gemüse und Brühe zugedeckt beiseite stellen.

3 Die Zwiebel schälen und achteln. Sellerie und Lauch putzen, waschen und in grobe Stücke schneiden. Die Gemüsebrühe wieder in den Topf geben, Zwiebel, Sellerie, Lauch, Thymian, Lorbeerblätter, Gewürznelke und Pfefferkörner hinzufügen und bei starker Hitze aufkochen.

4 Die Poularde kalt abspülen, in die Brühe legen und zugedeckt bei schwacher Hitze etwa 45 Min. köcheln. Evtl. entstehenden Schaum abschöpfen.

5 Dann die Poularde herausnehmen, etwas abkühlen lassen und häuten. Das Fleisch von den Knochen lösen und in kleine Stücke schneiden. Die Brühe durch ein Sieb gießen, wieder in den Topf füllen und bei starker Hitze offen um etwa ¼ l reduzieren.

6 Die Petersilie waschen, trockenschütteln, Blättchen abzupfen und fein hacken. Die Sahne in die Suppe gießen. Das Gemüse und das Geflügelfleisch hinzufügen und bei mittlerer Hitze etwa 10 Min. erhitzen. Mit Salz und Pfeffer abschmecken und mit der Petersilie bestreuen.

Variante: Waterzooi mit Fisch
(Flämischer Fischeintopf)
2 Zucchini, 100 g frische Bohnen, 200 g Möhren und 250 g kleine festkochende Kartoffeln wie oben angegeben vorbereiten. Das Gemüse dann in ¾ l Gemüsebrühe und ¼ l Riesling bei mittlerer Hitze zugedeckt in 15 Min. knackig garen. Inzwischen 600 g Kabeljaufilet in Stücke schneiden, mit dem Saft von ½ Zitrone beträufeln, salzen und pfeffern. Dann in die Suppe geben und in etwa 5 Min. gar ziehen lassen. Fertige Suppe mit 1 Bund kleingehackter Petersilie bestreuen und nach Belieben mit Weißbrot-Croûtons servieren.

Tip! Die Gemüsesorten können Sie bei beiden Eintöpfen je nach Saison variieren, beim Fischeintopf die Gemüsebrühe durch Fischfond ersetzen.

Matjessalat

Niederlande · Braucht etwas Zeit

Haringsla

Zutaten für 4 Portionen:
500 g Kartoffeln, festkochend
2 Rote Bete (etwa 400 g)
2 Eier · 1 mittelgroße Zwiebel
2 Essiggurken
1 mittelgroßer Apfel (säuerliche Sorte)
Saft von 1/2 Zitrone · 4 Salzheringe, gewässert und filetiert
1 Bund Petersilie · 5 EL Essig
1 TL Senf · 5 EL Speiseöl · Salz
schwarzer Pfeffer, frisch gemahlen

Zubereitungszeit: 1 Std. (+ 30 Min. Ziehen lassen)

Pro Portion: 2700 kJ/640 kcal

1 Kartoffeln und Rote Bete getrennt voneinander in zwei Töpfen mit Wasser bedeckt jeweils etwa 30 Min. bei mittlerer Hitze zugedeckt garen, abgießen und dann abkühlen lassen. Eier etwa 10 Min. kochen, abschrecken und pellen.

2 Zwiebel schälen und fein hacken, Gurken in kleine Würfel schneiden. Apfel schälen, vierteln, Kerngehäuse entfernen, Apfel kleinwürfeln und mit Zitronensaft beträufeln, damit das Fruchtfleisch nicht braun wird.

3 Kartoffeln und Rote Bete schälen und in kleine Würfel schneiden. Mit der Zwiebel, den Gurken und dem Apfel in einer Schüssel mischen. Heringe kalt abspülen, trockentupfen, quer in breite Streifen schneiden und dazugeben.

4 Petersilie waschen, Blättchen abzupfen und fein hacken. Essig, Senf, Öl, Salz und Pfeffer gut verrühren, mit der Petersilie über den Salat geben. Alles gut mischen und etwa 30 Min. durchziehen lassen. Eier vierteln, Salat damit garnieren.

Variante: Matjessalat mit Senfsauce
8 Matjesfilets kleinschneiden, mit 150 g gekochten grünen Bohnen und 1 gehackten Zwiebel mischen. 3 EL Öl, 2 EL Senf, 1 Prise Zucker, Salz, Pfeffer und 2 EL Weißweinessig zur Sauce und unter den Matjessalat rühren.

Holländer essen Matjes als kleinen Happen zwischendurch.

Matjes

Der junge, noch nicht geschlechtsreife Hering wurde von holländischen Fischern »Matjes«, junges Mädchen, genannt. Gleich nach dem Fang, in der Zeit zwischen Ende Mai bis Ende Juli, werden die jungen Heringe noch an Bord bis auf den Magen ausgenommen, im ganzen eingesalzen und in Fässer geschichtet. Dort bildet sich eine Lake, in der die Fische etwa zwei Wochen lang reifen. Danach ist der Matjes verzehrfertig, und so kann im Mai, Juni ein Höhepunkt des Fischjahres beginnen. In Holland bekommt noch heute das erste Matjesfäßchen der Saison die Königin. Der »nieuwe Haring« wird an kleinen Buden angeboten, wo man ihn gleich pur aus der Hand ißt oder ihn vorher noch in feingehackten Zwiebeln wendet. Matjes werden im ganzen oder schon filetiert angeboten. Ihr Fleisch ist fest, prall und rosa schimmernd. Sie schmecken als Salat oder in verschiedene Saucen eingelegt. Dazu ißt man neue Pellkartoffeln. Matjes enthalten viel leichtverdauliches Eiweiß, reichlich Vitamin A und D sowie Mineralstoffe, besonders Kalium und Phosphor.

Rindfleischsalat

Aus Luxemburg · Braucht etwas Zeit

Feierstengszalot

Zutaten für 4 Portionen:
1 Zwiebel · 1 Lorbeerblatt
1 Gewürznelke
1 Bund Suppengrün · Salz
schwarzer Pfeffer, frisch gemahlen
750 g Rindfleisch (z. B. Tafelspitz)
2 Eier · 3 Schalotten
1 Knoblauchzehe
je 1 Bund Schnittlauch und Petersilie
½ Bund Estragon
3 EL Rotweinessig
1 EL scharfer Senf
4 EL Speiseöl · 2 EL Kapern
1 Kästchen Kresse
zum Garnieren: Estragonblättchen

Zubereitungszeit: 45 Min.
(+ 2 Std. Garen
+ 20 Min. Ziehen lassen)

Pro Portion: 1600 kJ/380 kcal

1 Zwiebel schälen und mit Lorbeerblatt und Nelke spicken. Suppengrün putzen, waschen und grob zerkleinern. Mit der Zwiebel in einen Topf geben und mit reichlich Wasser aufgießen. Kräftig salzen und pfeffern und bei starker Hitze aufkochen.

2 Das Rindfleisch hineinlegen und zugedeckt in knapp 2 Std. bei schwacher Hitze weich kochen. Herausnehmen und auskühlen lassen. Die Brühe anderweitig verwenden.

3 In einem kleinen Topf die Eier mit Wasser bedeckt in etwa 10 Min. hart kochen, dann abgießen, abschrecken und auskühlen lassen. Schalotten und Knoblauch schälen und fein hacken. Schnittlauch waschen und kleinschneiden. Petersilie und Estragon waschen, Blättchen abzupfen und fein hacken.

4 Das Rindfleisch erst in dünne Scheiben, dann in etwa 1 cm breite Streifen schneiden.

5 In einer großen Schüssel den Essig mit Senf, Salz und Pfeffer verrühren. Dann das Öl mit dem Schneebesen unterschlagen. Rindfleisch, Schalotten, Knoblauch, Kapern, Schnittlauch, Petersilie und Estragon dazugeben. Die Kresse abbrausen und die Blättchen direkt über der Schüssel in den Salat schneiden.

6 Den Salat gut durchmischen und etwa 20 Min. bei Zimmertemperatur durchziehen lassen. Die Eier pellen, vierteln und dekorativ auf dem Salat anrichten. Mit Estragonblättchen garnieren.

Muscheln im Kräutersud

Aus Belgien · Für Gäste

Moules à l'anversoise

Zutaten für 4 Portionen:
2,5 kg Miesmuscheln in der Schale
150 g Schalotten
2 Knoblauchzehen
1 Bund glatte Petersilie
50 g frischer Kerbel
100 g Butter
1/2 l trockener Weißwein
2 EL Zitronensaft oder Weißweinessig
1/2 TL Salz
schwarzer Pfeffer, frisch gemahlen
zum Servieren:
frisches Baguette

Zubereitungszeit: 45 Min.

Pro Portion: 2100 kJ/500 kcal

1 Muscheln unter fließendem Wasser gründlich abbürsten und entbarten. Bereits geöffnete Muscheln aussortieren und wegwerfen. Eine große Terrine im Backofen bei 75° (Umluft 50°) vorwärmen.

2 Schalotten und Knoblauch schälen, grob schneiden. Petersilie und Kerbel waschen, trockenschütteln, Blättchen abzupfen und fein hacken.

3 Butter in einem großen Topf zerlassen, Schalotten und Knoblauch darin bei mittlerer Hitze andünsten, zwei Drittel der Petersilie und den Kerbel hinzufügen, etwa 1 Min. mitdünsten. Dann mit Weißwein, dem Zitronensaft oder Essig ablöschen, salzen, pfeffern und die Muscheln hineinlegen.

4 Alles bei starker Hitze aufkochen, Temperatur reduzieren und dann zugedeckt bei mittlerer Hitze 5–7 Min. ziehen lassen, bis sich die Muschelschalen geöffnet haben. Den Topf zwischendurch kräftig rütteln, damit die Muscheln gleichmäßig garen. Geschlossene Muscheln wegwerfen, die geöffneten mit einem Schaumlöffel aus dem Sud nehmen und in die vorgewärmte Terrine füllen.

5 Den Sud durch ein ganz feines Sieb über die Muscheln seihen, mit der restlichen Petersilie bestreuen und servieren. Dazu schmeckt frisches Baguette.

Braune Bohnen mit Speck

Aus den Niederlanden · Deftig

Bruine Bonen met Spek

Zutaten für 4 Portionen:
500 g braune, getrocknete Bohnen
Salz · 200 g Räucherspeck, durchwachsen, ohne Schwarte
schwarzer Pfeffer, frisch gemahlen
1–2 EL Rübenkraut (Rübensirup)
Zubereitungszeit: 30 Min.
(+ 12 Std. Einweichen + 1 Std. Garen)
Pro Portion: 3000 kJ/710 kcal

1 Bohnen in reichlich Salzwasser über Nacht einweichen. Dann im Einweichwasser zugedeckt etwa 1 Std. bei mittlerer Hitze garen. Saugen die Bohnen dabei zuviel Wasser auf, noch etwas dazugeben.

2 Speck kleinwürfeln und in einem Topf bei schwacher Hitze etwa 5 Min. ausbraten. Bohnen abgießen, unter den Speck mischen und mit Salz und Pfeffer kräftig würzen.

3 Die Bohnen auf vier Tellern anrichten und mit Rübenkraut beträufeln. Nach Belieben Kopfsalat, Tomaten, Essiggurken und Mixed Pickles dazu reichen.

Kartoffeln mit Lauchsauce

Aus Luxemburg · Gelingt leicht

Gequellte Grompere mat Porettenzapp

Zutaten für 4 Portionen:
1 kg möglichst gleich große Kartoffeln, mehligkochend · Salz
4 Stangen Lauch (etwa 1 kg)
200 g Sahne · weißer Pfeffer
2 EL Weißweinessig
2 TL mittelscharfer Senf
Zubereitungszeit: 15 Min.
(+ 30 Min. Garen)
Pro Portion: 1600 kJ/380 kcal

1 Kartoffeln waschen, in einen Topf geben, salzen, knapp mit Wasser bedecken und zugedeckt in etwa 30 Min. bei mittlerer Hitze gar kochen.

2 Lauch putzen, längs aufschlitzen und gründlich unter fließendem Wasser ausspülen. Lauch der Länge nach vierteln und dann in ganz kleine Stücke schneiden.

3 Lauch mit der Sahne in einen Topf geben, bei starker Hitze aufkochen, Temperatur zurückschalten und Lauch bei ganz schwacher Hitze etwa 25 Min. zugedeckt ziehen lassen.

4 Lauchsauce mit Salz, Pfeffer, Essig und Senf würzig abschmecken. Die Kartoffeln abgießen, pellen und zur Sauce reichen.

Sauerkraut-Küchlein

Aus Luxemburg · Deftig

Tiirteg

Zutaten für 4 Portionen:
500 g Kartoffeln, mehligkochend
Salz · 250 g vorgegartes Sauerkraut
125 g durchwachsener Speck, ohne Schwarte · schwarzer Pfeffer
2 EL Schweineschmalz

Zubereitungszeit: 20 Min.
(+ 30 Min. Garen)
Pro Portion: 1500 kJ/360 kcal

1 Kartoffeln waschen, knapp mit Salzwasser bedecken und zugedeckt in 30 Min. garkochen, dann abgießen und auskühlen lassen.

2 Kartoffeln pellen und durch die Kartoffelpresse drücken. Sauerkraut gut ausdrücken und dazugeben. Speck kleinwürfeln, untermischen, salzen und pfeffern.

3 Aus der Masse 12 etwa 1 cm dicke Küchlein von etwa 7 cm Durchmesser formen. Schweineschmalz in einer Pfanne erhitzen, die Küchlein darin bei mittlerer Hitze beidseitig in etwa 6 Min. goldbraun braten. Mit grünem Salat oder als Beilage zu Räucherfisch oder Salzbücklingen servieren.

Chicorée auf flämische Art

Aus Belgien · Gelingt leicht

Überbackener Chicorée

Zutaten für 4 Portionen, für eine Auflaufform von 2 l Inhalt:
8 mittelgroße Stauden Chicorée (etwa 1 kg)
Salz
Fett für die Form
8 mitteldicke Scheiben gekochter Schinken (etwa 350 g)
2 EL Butter · 2 EL Mehl
200 g Sahne
100 g Parmesan oder Gruyère, frisch gerieben
weißer Pfeffer, frisch gemahlen
Muskatnuß, frisch gerieben

Zubereitungszeit: 1 Std.

Pro Portion: 2200 kJ/520 kcal

1 Chicorée putzen, waschen und den bitteren Kern am unteren Ende der Staude kegelförmig herausschneiden.

2 Etwa 3/8 l Salzwasser aufkochen und den Chicorée darin zugedeckt bei mittlerer Hitze etwa 15 Min. garen. Dann herausnehmen und gut abtropfen lassen. Die Auflaufform einfetten. Jede Chicoréestaude in eine Schinkenscheibe wickeln und in die Form legen.

3 Den Backofen auf 220° vorheizen. Die Butter in einem kleinen Topf erhitzen, das Mehl hinzufügen und bei mittlerer Hitze goldgelb andünsten. 1/4 l Chicoréewasser langsam unterrühren, alles aufkochen lassen.

4 Sahne und Käse einrühren, mit Salz, Pfeffer und Muskatnuß abschmecken. Sauce über die Chicoréerollen gießen und im Backofen (Mitte; Umluft 200°) etwa 15 Min. überbacken.

Variante: Flamenschmaus

1 kg gekochten Chicorée kleinschneiden und mit 1 feingehackten Zwiebel, 100 g ausgebratenen Speckwürfeln und 350 g gekochtem, in Streifen geschnittenem Schinken in einer Pfanne bei starker Hitze etwa 5 Min. braten. Mit Salz, Pfeffer, Muskatnuß und 1 Prise Zucker würzen und mit 1 Bund kleingehackter Petersilie bestreuen.

Chicorée immer lichtgeschützt aufbewahren, sonst wird er bitter.

Chicorée

Dieses Gemüse wurde vor etwa 150 Jahren in Belgien durch Zufall von einem Bauern entdeckt. Die in einem dunklen Keller gelagerten Zichorienwurzeln, die früher geröstet als Kaffee-Ersatz verwendet wurden, fingen bei den feuchtwarmen Kellertemperaturen zu treiben an und bekamen weißlich-gelbe Blätter. Inzwischen hat sich der leicht bitter schmeckende Chicorée, den man auf flämisch »Witloof« (Weißblatt) nennt, zum belgischen Nationalgemüse entwickelt. Die weißschimmernden Stauden sind das ganze Jahr über erhältlich. Chicorée von guter Qualität erkennt man an makellos festverschlossenen Stauden, deren Blattspitzen hellgelb sind. Lockere Stauden mit leicht grünlichen Blattspitzen sind preiswerter und schmecken genausogut. Chicorée hat viele Vitamine und Mineralstoffe und dabei nur etwa 15 kcal pro 100 g. Man bewahrt ihn am besten in Papier gewickelt im Gemüsefach auf, wo er sich bis zu 10 Tagen hält. Bevor man ihn zubereitet, entfernt man den bitteren Kern an der Wurzel mit einem scharfen Messer.

Käsekroketten

Niederlande · Gut vorzubereiten

Kaaskroketten

Zutaten für 4 Portionen:
200 g alter Holland-Gouda am Stück
3 EL Butter
100 g Mehl
400 ml Milch
Salz
schwarzer Pfeffer, frisch gemahlen
1 Prise Muskatnuß, frisch gerieben
2 Eier
2 EL Mehl
4 EL Paniermehl
1 l Speiseöl zum Ausbacken

Zubereitungszeit: 1 Std.
Pro Portion: 3400 kJ/810 kcal

1 Käse entrinden und grob reiben. Butter in einem Topf bei mittlerer Hitze schmelzen, das Mehl unterrühren und goldgelb werden lassen. Die Milch unter Rühren langsam dazugießen. Mit Salz, Pfeffer und Muskat würzen und so lange mit dem Schneebesen rühren, bis eine dicke Sauce entstanden ist.

2 Den Käse dazugeben und weiterrühren, bis er sich ganz aufgelöst hat. Die Masse auf eine Platte geben und etwa 15 Min. abkühlen lassen.

3 Eier auf einem Teller verquirlen. Mehl und Paniermehl getrennt voneinander auf zwei Teller geben. Aus der abgekühlten Käsemasse eine Rolle von etwa 1 ½ cm Durchmesser formen. In ungefähr 20 Stücke schneiden und aus diesen etwa 4 cm lange Kroketten formen. Die Kroketten erst in Mehl, dann in den verquirlten Eiern und zum Schluß im Paniermehl wenden. Fett in einem hohen Topf erhitzen. Steigen an einem Holzstäbchen, das man ins Fett hält, Bläschen auf, immer 4–5 Kroketten portionsweise in den Topf geben und bei starker Hitze in 3–4 Min. goldbraun fritieren. Dann herausnehmen, abtropfen lassen und warm stellen.

Info: Käsekroketten werden gerne zur typisch holländischen Kaffeetafel gegessen. Bei diesem üppigen Nachmittagsschmaus werden nicht nur Kuchen, Sahne und Kaffee, sondern auch Fleisch, Wurst, Käse und andere pikante Köstlichkeiten serviert.

Speckpfannkuchen

Aus den Niederlanden · Traditionell

Spekpannekoeken

Zutaten für 4 Portionen:
250 g Mehl
1/2 Würfel Hefe (etwa 20 g)
3/8 l Milch
1 EL Zucker
2 Eier
1 Prise Salz
200 g Schinkenspeck, ohne Schwarte
4 TL Speiseöl zum Ausbacken
4 EL Rübenkraut (Rübensirup)

Zubereitungszeit: 30 Min.
(+ 40 Min. Gehen lassen)

Pro Portion: 3000 kJ/710 kcal

1 Mehl in eine Schüssel sieben und in die Mitte eine Mulde drücken. Hefe hineinbröckeln. Von der Milch 2 EL abnehmen, mit dem Zucker in die Mulde geben und mit der Hefe zu einem Vorteig verrühren. Zugedeckt an einem warmen Ort etwa 20 Min. gehen lassen.

2 Dann Eier, Salz und restliche Milch dazugeben, alles zu einem dickflüssigen Teig verarbeiten und weitere 20 Min. zugedeckt gehen lassen.

3 Den Schinkenspeck in etwa 1/2 cm breite Streifen schneiden. Etwas Öl in einer mittelgroßen Pfanne erhitzen und ein Achtel des Specks darin bei mittlerer Hitze in 2–3 Min. knusprig braten. Ein Achtel des Teiges darüber gießen, einen Pfannkuchen von etwa 16 cm Durchmesser formen, fest werden lassen, wenden und fertigbraten. Auf diese Weise nacheinander 8 Speckpfannkuchen zubereiten und warm halten.

4 Die Speckpfannkuchen warm mit Rübenkraut beträufelt servieren.

Info: Speckpfannkuchen ißt man ebenfalls zur typisch holländischen Kaffeetafel, aber auch als Mittagessen, manchmal mit Kompott als Beilage.

Tip! Sie können zusätzlich noch 2 Äpfel schälen, vierteln, das Kerngehäuse entfernen, die Äpfel in Scheiben schneiden und mit dem Speck andünsten. Ohne Speck und nur mit Äpfeln haben Sie ein leckeres Dessert.

Prince-Orloff-Braten

Aus Luxemburg · Braucht etwas Zeit

Gefüllter Kalbsbraten

Zutaten für 6 Portionen:
1 kg Kalbfleisch (aus der Schulter), ohne Knochen
weißer Pfeffer, frisch gemahlen
2 EL weiche Butter
1 große Zwiebel
2 Knoblauchzehen · Salz
200 g gekochter Schinken in etwas dickeren Scheiben
200 g Emmentaler oder Gouda in Scheiben
1/8 l Fleischbrühe (selbstgemacht oder instant)
100 ml trockener Weißwein
200 g Sahne
Zitronensaft nach Belieben

Zubereitungszeit: 45 Min. (+ 1 Std. 10 Min. Garen)
Pro Portion: 2200 kJ/520 kcal

1 Backofen auf 200° vorheizen. Das Fleisch waschen und trockentupfen. Rundum mit Pfeffer einreiben und mit der weichen Butter einpinseln. Das Fleisch in einen Bräter legen, die Zwiebel schälen, achteln und mit den ungeschälten Knoblauchzehen dazugeben. Den Bräter zugedeckt in den Backofen (Mitte; Umluft 180°) stellen und das Fleisch etwa 1 Std. garen.

2 Das Fleisch herausnehmen, rundum salzen und in etwa 1 cm dicke Scheiben schneiden. Zwischen jede Fleischscheibe je eine Scheibe Schinken und Käse legen. Den Braten dachziegelartig auf einer feuerfesten Platte anordnen und im Backofen bei 150° (Mitte; Umluft 140°) nochmals etwa 10 Min. garen, bis der Käse geschmolzen ist.

3 Den Bratenfond mit der Fleischbrühe ablöschen, den Weißwein und die Sahne angießen und bei mittlerer Hitze offen etwa 10 Min. zu einer leicht cremigen Sauce einkochen lassen. Durch ein Sieb gießen, mit Salz, Pfeffer und Zitronensaft nach Belieben abschmekken und zu dem Braten reichen. Dazu können Sie entweder Rosenkohl und Salzkartoffeln oder Champignons und Kroketten servieren.

Getränk: Zu diesem festlichen Essen schmeckt ein Pinot gris.

Tip! Anstatt den Braten mit dem Käse und Schinken auf einer feuerfesten Platte anzuordnen, können Sie ihn auch in Alufolie wickeln und dann in 10 Min. im Backofen fertiggaren.

Gemüse mit Rinderlende

Aus den Niederlanden · Traditionell

Hutspot met Klapstuk

Zutaten für 4 Portionen:
750 g Rinderlende, ohne Knochen
Salz
500 g Möhren
200 g Zwiebeln
500 g Kartoffeln, mehligkochend
1 EL Schmalz
schwarzer Pfeffer, frisch gemahlen

Zubereitungszeit: 45 Min. (+ 1 1/2 Std. Garen)

Pro Portion: 2100 kJ/500 kcal

1 Das Fleisch in einen Topf geben, salzen, knapp mit Wasser bedecken, aufkochen und bei mittlerer Hitze zugedeckt etwa 1 Std. garen.

2 Inzwischen die Möhren schälen, waschen und in Scheiben schneiden. Zwiebeln schälen und in feine Ringe hobeln. Kartoffeln schälen, waschen und vierteln. Das Gemüse nach Ende der Garzeit mit in den Topf geben und alles bei mittlerer Hitze zugedeckt weitere 30 Min. garen.

3 Das Fleisch herausnehmen und warm stellen. Den Topfinhalt zerstampfen, dabei nach und nach das Schmalz untermischen. Den Eintopf mit Salz und Pfeffer kräftig würzen. Das Fleisch in etwa 1 cm dicke Scheiben schneiden und auf dem »Hutspot« (Gemüsestampf) anrichten.

Info: Das Gericht wird erstmals 1574 erwähnt, als die Spanier aus der Stadt Leiden flüchteten. Sie sollen es dabei so eilig gehabt haben, daß sie sogar den »Hutspot« stehenließen.

Zuckerkuchen

Aus Belgien · Geht schnell

Tarte au sucre

Für 8–10 Portionen, für eine Springform von 26 cm Ø:
300 g Blätterteig (tiefgekühlt)
Mehl für die Arbeitsfläche
100 g brauner Zucker
100 g weißer Zucker
50 g gemahlene Mandeln
3 Eier
100 g Sahne
50 g Butter
außerdem: Backpapier

Zubereitungszeit: 25 Min. (+ 35 Min. Backen)

Bei 10 Portionen pro Portion: 1300 kJ/310 kcal

1 Die Blätterteigplatten auftauen lassen. Die Form mit Backpapier auskleiden. Den Backofen auf 180° vorheizen.

2 Teigplatten übereinanderlegen, auf einer bemehlten Arbeitsfläche ausrollen und einen Kreis von etwa 30 cm Durchmesser ausschneiden. Form damit auslegen und einen Rand von etwa 3 cm hochziehen. Den Teigboden mit einer Gabel mehrmals einstechen.

3 Braunen und weißen Zucker mit den Mandeln mischen und gleichmäßig auf den Teig streuen.

4 Die Eier mit der Sahne verquirlen und auf den Kuchen gießen. Die Butter als Flocken darauf verteilen. Den Kuchen im Backofen (Mitte; Umluft 160°) etwa 35 Min. backen, dann aus der Form nehmen. Am besten gleich lauwarm als Dessert oder abgekühlt zu Tee oder Kaffee reichen.

Variante: Sehr gut schmeckt der Kuchen auch, wenn Sie für den Belag statt des weißen Zuckers, der Mandeln, Eier, Sahne und Butter die abgeriebene Schale von 1 unbehandelten Zitrone mit 100 g braunem Zucker und 300 g Crème fraîche mischen und dann auf dem Teig verteilen.

Krapfen

Aus Belgien · Braucht etwas Zeit

Smoutebollen

Zutaten für 20 Stück:
100 ml Milch
25 g Butter
1/2 Würfel Hefe (etwa 20 g)
200 g Mehl
1 Ei
1 TL Zucker
Salz
100 ml helles Bier
1 1/2 l Speiseöl zum Fritieren
Puderzucker zum Bestäuben

Zubereitungszeit: 1 Std.
(+ 1 Std. Gehen lassen)

Pro Stück: 450 kJ/110 kcal

1 Die Milch bei schwacher Hitze erwärmen. Die Butter in einem kleinen Topf bei schwacher Hitze schmelzen und etwas abkühlen lassen. Die lauwarme Milch in eine Schüssel gießen. Die Hefe hineinbröckeln und darin auflösen. Das Mehl darüber sieben und alles zu einem Teig verarbeiten.

2 Das Ei trennen. Das Eigelb mit dem Zucker, 1/2 TL Salz und Bier nach und nach mit den Knethaken des Handrührers in den Teig mischen. Zum Schluß die flüssige Butter dazugeben. Den Teig zugedeckt an einem warmen Platz etwa 1 Std. gehen lassen, bis sich sein Volumen verdoppelt hat.

3 Das Eiweiß mit 1 Prise Salz in einem fettfreien Gefäß steif schlagen und vorsichtig unter den Teig arbeiten.

4 In einer Friteuse Öl auf 180° erhitzen. Von dem Teig mit einem Eßlöffel etwa 20 kleine Klößchen abstechen und in dem heißen Fett portionsweise in etwa 2 Min. goldbraun ausbacken. Krapfen dabei nach etwa 1 Min. mit einer Schaumkelle wenden. Dann herausnehmen und auf Küchenpapier abtropfen lassen. Die Smoutebollen mit Puderzucker bestäuben und auf einer Platte anrichten.

Tip! Wer keine Friteuse hat, kann das Öl in einem höheren Topf zum Sieden bringen und die Krapfen darin bei mittlerer Hitze ausbacken.

SCHWEIZ

Wo die französische, die italienische, die rätoromanische und die deutsche Kultur im Herzen Europas zusammentreffen, liegt die Schweiz. Ebenso vielfältig wie das kleine Land selbst ist auch seine Küche. Im Tessin ist der Einfluß der italienischen Küche sehr stark spürbar. »Minestrone«, Nudelgerichte und andere italienische Spezialitäten sind hier eine Selbstverständlichkeit. In der französischen Schweiz bereichert die französische Gourmet-Küche den Speisezettel. Im deutschsprachigen Raum dagegen stehen eher deftige, bäuerliche Gerichte auf dem Tisch, bei denen der Käse eine ganz zentrale Rolle spielt. Käsefondue und »Raclette« sind inzwischen weit über die Schweizer Grenzen hinaus bekannt und beliebt.
Ebenso wie das »Zürcher Geschnetzelte« und die »Rösti«. Zu empfehlen sind die köstlichen regionalen Wurstspezialitäten, z. B. die »Cervelatwurst« aus der Basler Gegend, die »Schüblinge« (grobe Würstchen) aus St. Gallen, die »Pantli« (Hartwürste) aus Appenzell, um nur einige zu nennen, und das »Bündner Fleisch«. Dieses luftgetrocknete, würzige Rindfleisch schmeckt am besten pur in hauchdünne Scheiben geschnitten. In den vielen klaren Seen des Landes gibt es vor allem Eglis, Forellen, Saiblinge und zu den Fischgerichten passen die frischen, spritzigen Schweizer Weißweine, wie z. B. der »Fendant« aus dem Wallis, der »Perlan« aus der Genfer Gegend oder »Riesling« und »Silvaner« aus der Ostschweiz, besonders gut. Auch Rotweine, z. B. den »Goron« und den »Dôle« aus dem Wallis, den »Gamay« aus der Genfer Gegend und den »Pinot noir« aus dem Waadtland, sollte man unbedingt probieren. Nach dem Essen trinkt man zum Kaffee gern einen der vielen berühmten Obstbrände. Die Schweizer Zuckerbäkker haben schon von jeher einen hervorragenden Ruf, und jede Gegend hat ihre besondere Spezialität, wie z. B. die »Zuger Kirschtorte«, die »Rüblitorte«, der »Basler Gugelhupf« und die »Engadiner Nußtorte«.

Waadtländer Suppe

Aus dem Waadtland · Gelingt leicht

Potage vaudoise

Zutaten für 4 Portionen:
½ l Fleischbrühe
(selbstgemacht oder instant)
½ l Milch
2 EL Hartweizengrieß
2 Scheiben Weißbrot
3 Knoblauchzehen · 2 EL Butter
200 ml trockener Weißwein
200 g Sahne · 1 ganz frisches Eigelb
100 g Käse (z. B. Greyerzer oder Appenzeller), frisch gerieben
Salz
weißer Pfeffer, frisch gemahlen
Muskatnuß, frisch gerieben
1 Bund Schnittlauch

Zubereitungszeit: 45 Min.

Pro Portion: 1500 kJ/360 kcal

1 Die Fleischbrühe mit der Milch bei mittlerer Hitze aufkochen und den Grieß einstreuen. Die Hitze reduzieren und alles 5 Min. zugedeckt köcheln lassen.

2 Das Weißbrot kleinwürfeln, den Knoblauch schälen. Die Butter in einer Pfanne erhitzen, das Brot darin bei mittlerer Hitze rösten und den Knoblauch durch eine Presse direkt in die Pfanne drücken. Alles mit dem Weißwein ablöschen.

3 Den Pfanneninhalt zur Fleischbrühe geben, alles etwa 10 Min. köcheln lassen, dann durch ein feines Sieb streichen, wieder in einen Topf geben und kurz bei starker Hitze aufkochen lassen.

4 Die Sahne mit dem Eigelb verrühren und mit dem Käse unter die Suppe mischen. Zugedeckt bei schwacher Hitze etwa 5 Min. köcheln lassen. Die Suppe mit Salz, Pfeffer und Muskat kräftig würzen.

5 Den Schnittlauch waschen, trockenschütteln, in kleine Röllchen schneiden und die Suppe vor dem Servieren damit bestreuen. Zur Suppe schmeckt frisches Bauernbrot.

Wichtiger Hinweis: Bitte verwenden Sie nur ganz frische Eier von freilaufenden Hühnern, um das Salmonellenrisiko zu verringern.

Eglifilets in Weißweinsauce

Vom Genfer See · Gelingt leicht

Filets de pèrches

Zutaten für 4 Portionen:
750 g Eglifilets (beim Fischhändler vorbestellen)
Saft von ½ Zitrone
600 ml Twanner oder anderer trockener Weißwein
Salz
schwarzer Pfeffer, frisch gemahlen
Mehl zum Wenden · 3 EL Butter
1 Bund glatte Petersilie
3 EL eiskalte Butter
zum Garnieren: Zitronenachtel

Zubereitungszeit: 30 Min.
(+ 1 Std. Marinieren)

Pro Portion: 2000 kJ/480 kcal

1 Die Eglifilets kalt abspülen, trockentupfen und nebeneinander auf eine Platte legen. Die Filets dann mit Zitronensaft und 100 ml Weißwein beträufeln und zugedeckt im Kühlschrank etwa 1 Std. marinieren.

2 Dann die Eglifilets aus der Marinade nehmen, abtupfen, salzen, pfeffern und in Mehl wenden. 3 EL Butter in einer Pfanne erhitzen und die Fischfilets darin von beiden Seiten bei mittlerer Hitze in 3–4 Min. goldbraun braten, herausnehmen und warm stellen.

3 Den restlichen Weißwein in die Pfanne gießen und bei mittlerer Hitze um ein Drittel einkochen lassen. Inzwischen die Petersilie waschen, trockenschütteln, die Blättchen abzupfen und fein hacken.

4 Die eiskalte Butter unter die Sauce schlagen, bis sie leicht cremig wird. Mit Salz und Pfeffer abschmecken, die Petersilie unterrühren. Die Sauce über die Eglifilets gießen, mit Zitronenachteln garnieren und gleich servieren. Dazu paßt ein grüner Salat und Salzkartoffeln.

Getränk: Zu den Eglifilets paßt entweder ein Fendant oder Twanner, beides trockene Weißweine.

Zwiebelwähe

Aus Basel · Knusprig

Bölleflade

Zutaten für 4 Portionen:
300 g Mehl · 300 ml Milch
1/2 Würfel Hefe (etwa 20 g)
1 Prise Zucker
4 Eier · 1 Prise Salz
50 g weiche Butter
100 g Speck, durchwachsen, ohne Schwarte
6 große Zwiebeln (etwa 600 g)
Mehl für die Arbeitsfläche
Fett für das Backblech
200 g Sahne
schwarzer Pfeffer, frisch gemahlen
1 Prise Muskatnuß, frisch gerieben

Zubereitungszeit: 35 Min.
(+ 50 Min. Gehen lassen
+ 50 Min. Backen)

Pro Portion: 3600 kJ/860 kcal

1 Mehl in eine Schüssel sieben und in die Mitte eine Mulde drücken. Die Hälfte der Milch schwach erhitzen, Hefe hineinbröckeln, Zucker dazugeben, alles verrühren und in die Mulde gießen. An einem warmen Ort zugedeckt etwa 20 Min. gehen lassen.

2 Dann 1 Ei, Salz und die Butter hinzufügen, alles zu einem geschmeidigen Teig verarbeiten und weitere 30 Min. zugedeckt gehen lassen. Backofen auf 180° vorheizen.

3 Speck kleinwürfeln und in einer großen Pfanne bei schwacher Hitze in etwa 3 Min. ausbraten. Zwiebeln schälen, in dünne Scheiben hobeln und hinzufügen, etwa 5 Min. bei mittlerer Hitze dünsten, vom Herd nehmen und abkühlen lassen.

4 Den Teig auf einer bemehlten Arbeitsfläche ausrollen. Backblech einfetten, den Teig darauf auswellen und einen etwa 1 cm hohen Rand formen. Zwiebel-Speck-Gemisch darauf verteilen. Restliche Milch, Sahne und restliche Eier miteinander verquirlen, mit Salz, Pfeffer und Muskat kräftig würzen und über den Teigbelag gießen. Zwiebelwähe im Backofen (Mitte; Umluft 160°) etwa 50 Min. backen. Dann herausnehmen, in Portionsstücke schneiden und sofort servieren.

Getränk: Trinken Sie zur Zwiebelwähe einen roten Schweizer Côte du Rhône.

Tip! Sie können die Zwiebeln auch durch 1 kg in feine Ringe geschnittenen Lauch ersetzen.

Gemüsepizockel

Aus der ganzen Schweiz · Geht schnell

Gemüsegericht mit Käse

Zutaten für 4 Portionen:
100 g Buchweizenmehl
100 g Weizenmehl · 2 Eier
Salz · 400 g Mangold
1 Stange Lauch · 3 Möhren
1 mittelgroße Zwiebel · 2 EL Butter
schwarzer Pfeffer, frisch gemahlen
nach Belieben: 50 g Butter
50 g Käse (z. B. Emmentaler, Appenzeller oder Greyerzer), frisch gerieben

Zubereitungszeit: 30 Min.
Pro Portion: 1900 kJ/450 kcal

1 Die beiden Mehlsorten in einer Schüssel mischen. Eier, etwa 100 ml Wasser und 1 Prise Salz hinzufügen und alles zu einem dicken Teig verrühren.

2 In einem hohen Topf reichlich Salzwasser aufkochen. Den Teig auf ein angefeuchtetes Holzbrett geben und mit einem Teelöffel größere Teigstücke direkt ins kochende Wasser schaben. So lange bei starker Hitze kochen, bis sie an der Oberfläche schwimmen. Dann mit einem Schaumlöffel herausnehmen und zugedeckt warm stellen.

3 Mangold und Lauch putzen, waschen und in schmale Streifen schneiden. Möhren schälen und in feine Scheiben schneiden. Zwiebel schälen und fein hacken.

4 Butter in einer breiten Pfanne erhitzen, das Gemüse darin bei mittlerer Hitze in etwa 5 Min. knackig garen. Dann die Pizockel (Teigstücke) untermischen und alles kräftig mit Salz und Pfeffer würzen. Nach Belieben die Butter schmelzen und mit dem frisch geriebenen Käse über den Gemüsepizockel geben.

Ofenguck

Aus der Innerschweiz · Deftig

Kartoffelauflauf

Zutaten für 4 Portionen, für eine feuerfeste Form von 2 l Inhalt:
1 kg Kartoffeln, mehligkochend
Salz
100 g gekochter Schinken
100 g Emmentaler
80 g Speck, durchwachsen, ohne Schwarte
250 g Sahne
schwarzer Pfeffer, frisch gemahlen
1 Prise Muskatnuß, frisch gerieben
Fett für die Form
4 Eier
3 EL Sbrinz oder Emmentaler, frisch gerieben
½ Bund Schnittlauch

Zubereitungszeit: 35 Min. (+ 20 Min. Garen + 30 Min. Überbacken)

Pro Portion: 2800 kJ/670 kcal

1 Kartoffeln schälen, vierteln und mit Salzwasser bedeckt in etwa 20 Min. bei mittlerer Hitze weich kochen. Inzwischen Schinken und Käse entrinden, mit dem Speck in kleine Würfel schneiden.

2 Backofen auf 200° vorheizen. Kartoffeln abgießen und noch heiß durch eine Kartoffelpresse drücken. Mit Sahne, Schinken- und Käsewürfeln mischen, mit Salz, Pfeffer und Muskat würzen.

3 Die Form einfetten, das Püree einfüllen und mit einem Löffel acht Vertiefungen hineindrücken. In vier Vertiefungen jeweils ein aufgeschlagenes rohes Ei geben, in die restlichen die Speckwürfel füllen. Alles mit dem geriebenen Käse bestreuen und im Backofen (Mitte; Umluft 180°) 25–30 Min. überbacken, bis die Eier gestockt sind.

4 Schnittlauch waschen, trockenschütteln, in kleine Röllchen schneiden und zum Schluß über den Ofenguck streuen. Mit einem grünen Salat servieren.

Variante: Älplermakrone
(Nudelauflauf mit Käse)
300 g Nudelhörnchen gar kochen.
2 Zwiebeln in Ringe schneiden und in 2 EL Butter goldgelb anbraten. 200 g Emmentaler reiben, davon 100 g bei schwacher Hitze in 250 g Sahne auflösen. Die Nudeln untermischen, mit Salz und Pfeffer würzen. In eine gefettete feuerfeste Form geben, restlichen Käse und die Zwiebeln darauf verteilen, im Backofen bei 200° (Mitte; Umluft 180°) etwa 15 Min. überbacken, bis der Käse schmilzt.

Tessiner Kaninchenragout

Geht schnell · Deftig

Coniglio alle Ficinese

Zutaten für 4–6 Portionen:
500 g Fleischtomaten
3 Zwiebeln
5 Knoblauchzehen
1 Kaninchen (etwa 1,5 kg), küchenfertig vorbereitet, vom Händler in Portionsstücke teilen lassen
Salz
schwarzer Pfeffer, frisch gemahlen
1 EL Butterschmalz
2 EL Olivenöl
2 Lorbeerblätter
1 großer Zweig frischer Salbei
1 Zweig frischer Rosmarin
150 ml trockener Weißwein

Zubereitungszeit: 30 Min.
(+ 45 Min. Garen)
Bei 6 Portionen pro Portion:
1700 kJ/400 kcal

1 Tomaten mit kochendheißem Wasser überbrühen, häuten, Kerne und Stielansätze entfernen und das Fruchtfleisch grob zerschneiden. Zwiebeln schälen und vierteln. Knoblauchzehen schälen und längs halbieren.

2 Kaninchenteile rundum mit Salz und Pfeffer einreiben. Das Butterschmalz mit dem Olivenöl in einem Bräter erhitzen und das Fleisch darin rundum bei starker Hitze etwa 5 Min. anbraten. Temperatur herunterschalten, Zwiebeln und Knoblauch zum Fleisch geben und bei mittlerer Hitze goldgelb werden lassen.

3 Lorbeerblätter, Salbei und Rosmarin hinzufügen, alles mit dem Weißwein ablöschen und die Tomaten dazugeben, salzen, pfeffern und zugedeckt bei mittlerer Hitze etwa 45 Min. schmoren. Zum Essen Lorbeer und Kräuterzweige entfernen.

Beilagen-Tip: Polenta

1 ½ l Fleischbrühe mit 1 Prise Salz bei starker Hitze aufkochen. Dann 450 g Maisgrieß langsam einrieseln lassen, dabei ständig rühren. Temperatur herunterschalten und Polenta bei schwächster Hitze in 45 Min. unter gelegentlichem Rühren fertiggaren.

Zürcher Geschnetzeltes

Aus der ganzen Schweiz · Herzhaft

Züri Gschnätzlets mit Rösti

Zutaten für 4 Portionen:
Für die Rösti:
600 g Kartoffeln, festkochend
Salz
schwarzer Pfeffer, frisch gemahlen
50 g Speck, durchwachsen, ohne Schwarte
3 EL Butterschmalz

Für das Geschnetzelte:
2 Schalotten
250 g Champignons
600 g Kalbfleisch
2 EL Butterschmalz
2 EL Butter
100 ml trockener Weißwein
200 g Sahne
100 ml Kalbsfond aus dem Glas
1 kleiner Bund Petersilie

Zubereitungszeit: 1 ¼ Std. (+ 20 Min. Kartoffeln kochen am Vortag + 30 Min. Wässern)

Pro Portion: 3500 kJ/830 kcal

1 Für die Rösti Kartoffeln am Vortag 20 Min. mit Salzwasser bedeckt bei mittlerer Hitze kochen, sie sollen nicht ganz gar sein, abgießen und in der Schale abkühlen lassen. Am nächsten Tag schälen, grob raspeln, salzen und pfeffern. Den Speck kleinwürfeln, unter die Kartoffelraspeln mischen.

2 In einer mittelgroßen Pfanne 2 EL Butterschmalz erhitzen. Die Kartoffelmischung dazugeben und mit einem Bratenwender zu einem flachen Fladen formen. Bei schwacher Hitze etwa 15 Min. braten, bis sich auf der Unterseite eine goldgelbe Kruste gebildet hat. Dann Backofen auf 75° (Umluft 50°) vorheizen.

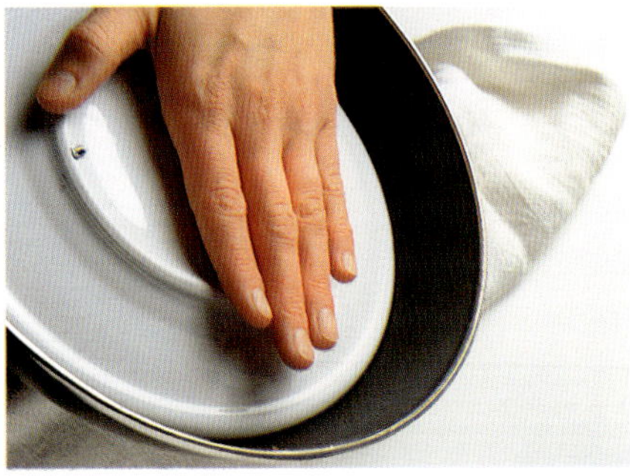

3 Pfanne mit einem flachen Teller (oder Deckel) bedecken. Pfanne und Teller fest zusammenhalten, umdrehen, so daß das Rösti mit der angebräunten Seite nach oben liegt. Das restliche Butterschmalz in der Pfanne erhitzen. Das Rösti vom Teller wieder in die Pfanne gleiten lassen und darin in etwa 15 Min. fertigbraten. Rösti bis zum Servieren im vorgeheizten Backofen warm stellen.

4 Für das Geschnetzelte Schalotten schälen und fein hacken. Champignons putzen, waschen, gut trockentupfen und in dünne Scheiben schneiden. Fleisch in etwa fingerdicke Streifen schneiden. In einer tiefen Pfanne das Butterschmalz erhitzen, Fleisch darin portionsweise bei starker Hitze etwa 3 Min. anbraten. Salzen, pfeffern, herausnehmen und warm stellen.

5 Die Butter in der Pfanne erhitzen, die Schalotten dazugeben. Die Champignons untermischen und bei mittlerer Hitze etwa 3 Min. dünsten, bis fast alle Flüssigkeit verdampft ist. Mit dem Weißwein ablöschen und kurz aufkochen lassen. Temperatur reduzieren, Sahne und Kalbsfond in die Pfanne gießen und zugedeckt etwa 8 Min. bei schwacher Hitze köcheln lassen, bis die Sauce sämig geworden ist, salzen, pfeffern.

6 Petersilie waschen, trockenschütteln, Blättchen abzupfen und fein hacken. Die Kalbfleischstreifen in der Sauce etwa 5 Min. bei schwacher Hitze erwärmen, salzen, pfeffern und mit der Petersilie bestreuen. Das Rösti in Portionsstücke schneiden und mit dem Geschnetzelten anrichten.

Tip! Sehr gut schmeckt Rösti auch, wenn Sie 1 kleine Stange Lauch in dünne Ringe schneiden und unter die Kartoffelraspeln mischen. Für das Geschnetzelte können Sie 1 in etwa ½ cm dicke Scheiben geschnittene Kalbsniere anbraten und mit dem Kalbfleisch in die Sauce geben.

Käsefondue

Schweizer Nationalgericht · Pikant

Fondue Neuchâtel

Zutaten für 4 Portionen:
1 Knoblauchzehe
300 ml trockener Weißwein
1 TL Zitronensaft
200 g Emmentaler, frisch gerieben
400 g Greyerzer, frisch gerieben
1 gehäufter EL Speisestärke
2 cl Kirschwasser oder Obstschnaps
schwarzer Pfeffer, frisch gemahlen
1 Prise Muskatnuß, frisch gerieben
1 Schweizer Weißbrot

Zubereitungszeit: 20 Min.

Pro Portion: 3500 kJ/830 kcal

1 Knoblauch schälen, längs halbieren und mit den Schnittflächen einen Fonduetopf ausreiben. Den Topf auf den Herd stellen, den Weißwein hineingeben und bei mittlerer Hitze erwärmen.

2 Den Zitronensaft und die geriebenen Käse dazugeben und bei mittlerer Hitze unter ständigem Rühren schmelzen lassen. Die Speisestärke mit dem Kirschwasser oder Schnaps anrühren und untermischen. Das Fondue mit Pfeffer und Muskat würzen.

3 Den Fonduetopf auf ein vorbereitetes Rechaud auf den Tisch stellen. Das Weißbrot in Würfel schneiden. Die Brotwürfel werden auf eine Fonduegabel gespießt, in die Käsemasse getaucht und, wenn sie sich mit Käse vollgesogen haben, gegessen. Das Käsefondue immer wieder durchrühren.

4 Falls die Käsemasse zu dick geworden ist, etwas warmen Weißwein einrühren. Wenn sie zu dünn geraten ist, einfach noch mehr geriebenen Käse untermischen.

Variante: Fleischfondue
(Fondue Bourguignonne)
Für dieses Fondue pro Person etwa 200 g Rinderfilet in Würfel schneiden. Fonduetopf zu drei Viertel mit etwa 1 l Öl füllen und auf einem Rechaud erhitzen. Jeder Gast spießt seine Fleischwürfel einzeln auf eine Fonduegabel und läßt sie im heißen Fett braten. Zum Fleischfondue werden verschiedene kalte Saucen wie z. B. Knoblauchsauce, Senf-Curry-Sauce, Tomaten- oder Kräutersauce sowie Cornichons und eingelegte Perlzwiebeln gereicht.

Schweizer Käse

Die Schweizer Almweiden mit ihren saftigen Gräsern und würzigen Bergkräutern bieten den Kühen ideale Futterbedingungen und sorgen so für hervorragende Milch. Daraus wird in jahrhundertealter Tradition Käse hergestellt. Jede Gegend des Landes hat ihre speziellen Sorten und natürlich auch altüberlieferte Käsegerichte, wie z. B. das berühmte Käsefondue und »Raclette«. Ursprünglich ließ man beim Raclette die Schnittfläche des Raclette-Käses am offenen Feuer schmelzen, schabte den geschmolzenen Käse ab und aß ihn mit Pellkartoffeln und Essiggürkchen. Weitere berühmte Käse aus der Schweiz:

In einigen Käsereien wird die traditionelle Käseherstellung gezeigt.

Appenzeller: Ein Schnittkäse aus Rohmilch mit kräftigem Geschmack.

Emmentaler: Dieser Hartkäse hat seinen Namen vom ursprünglichen Herstellungsgebiet. Er wird in großen Laiben von etwa 80 kg hergestellt.

Greyerzer (auch Gruyère genannt): Er ist nach der kleinen Stadt Greyerz im Kanton Fribourg benannt und ein Hartkäse aus Rohmilch. Er reift etwa 20 Monate und schmeckt leicht nussig.

Sbrinz: Der Name dieses Hartkäses kommt wahrscheinlich von der Ortschaft Brienz im Kanton Bern. Er wird aus Rohmilch hergestellt und ist ideal zum Hobeln und Reiben.

Tête de Moine (»Mönchskopf«): Dieser Käse mit dunkelgelber Rinde kommt aus dem Berner Jura und ist zylinderförmig. Er wird mit einem speziellen Messer dünn abgeschabt.

Engadiner Nußtorte

Knusprig · Braucht etwas Zeit

Mürbeteigtorte mit Nußfüllung

Zutaten für 12 Stücke, für 1 Springform von 26 cm Ø:
300 g Mehl · 1 Prise Salz
200 g kalte Butter
300 g Zucker · 1 Ei
250 g Walnußkerne, grob gehackt
250 g Sahne
2 EL Honig
Mehl für die Arbeitsfläche
Fett für die Form
1 EL rotes Johannisbeergelee

Zubereitungszeit: 1 Std. (+ 1 Std. Backen)

Pro Stück: 2200 kJ/520 kcal

1 Mehl auf eine Arbeitsfläche sieben, mit dem Salz vermischen, in der Mitte eine Mulde formen. Butter kleinschneiden, auf dem Rand verteilen. 150 g Zucker mit dem Ei in der Mulde verrühren, dann alles rasch zu einem geschmeidigen Teig verkneten, zur Kugel formen und etwa 30 Min. zugedeckt in den Kühlschrank stellen.

2 Inzwischen restlichen Zucker in einer beschichteten Pfanne ohne Fett unter Rühren bei mittlerer Hitze hellbraun karamelisieren lassen. Die Walnüsse untermischen. Nach etwa 3 Min. Sahne dazugeben und etwa 5 Min. einkochen lassen. Honig unterrühren. Vom Herd nehmen, abkühlen lassen. Den Backofen auf 180° vorheizen.

3 Zwei Drittel des Teiges auf einer bemehlten Arbeitsfläche etwa 1/2 cm dick ausrollen und einen Kreis von etwa 30 cm Durchmesser ausschneiden. Die Form einfetten, mit dem Teig auslegen und dabei einen etwa 3 cm hohen Rand formen. Teigboden dünn mit Johannisbeergelee bestreichen. Die Nußmischung gleichmäßig darauf verteilen. Den überstehenden Teigrand auf die Füllung drücken.

4 Restlichen Teig ausrollen und einen Deckel in der Größe der Springform ausschneiden. Teigrand mit etwas Wasser befeuchten, Teigdeckel darauf legen und mit einer Gabel mehrmals einstechen. Torte im Backofen (Mitte; Umluft 160°) etwa 1 Std. backen.

Rüeblitorte

Aus dem Aargau · Braucht etwas Zeit

Möhrentorte

Zutaten für 8–12 Stücke, für 1 Springform von 26 cm Ø:
4 Eier · 1 unbehandelte Zitrone
200 g Zucker · 300 g Möhren
250 g Mandeln, gemahlen
75 g Mehl
1 gestrichener TL Backpulver
1/2 TL Zimt, gemahlen
1 Prise Nelken, gemahlen · Salz
2 EL Kirschwasser · Fett für die Form
3 EL Aprikosenkonfitüre
150 g Puderzucker · 2 EL Zitronensaft
nach Belieben Marzipanrübchen

Zubereitungszeit: 1 Std. (+ 1 Std. Backen)
Bei 12 Stücken pro Stück: 1300 kJ/310 kcal

1 Eier trennen. Zitrone heiß waschen, abtrocknen und etwa 1 EL von der Schale abreiben. Die Eigelbe mit dem Zucker und der Zitronenschale in eine Schüssel füllen und mit den Schneebesen des Handrührgeräts cremig schlagen. Den Backofen auf 180° vorheizen.

2 Möhren schälen, waschen und auf einer Gemüsereibe fein raspeln. Sofort mit den Mandeln unter die Eiercreme mischen. Das Mehl mit dem Backpulver mischen. Zusammen mit dem Zimt, Nelkenpulver, 1 Prise Salz und Kirschwasser in den Teig rühren. Die Eiweiße in einem fettfreien Gefäß steif schlagen und vorsichtig unter die Masse heben.

3 Springform einfetten, den Teig hineingeben, glattstreichen und im Backofen (Mitte; Umluft 160°) etwa 1 Std. backen.

4 Dann den Kuchen herausnehmen, etwas abkühlen lassen und auf ein Kuchengitter stürzen. Die Aprikosenkonfitüre in einem kleinen Topf erwärmen und die Oberfläche der Torte damit bestreichen.

5 Für die Glasur Puderzucker und Zitronensaft verrühren und die Torte damit überziehen. Nach Belieben mit Marzipanrübchen verzieren.

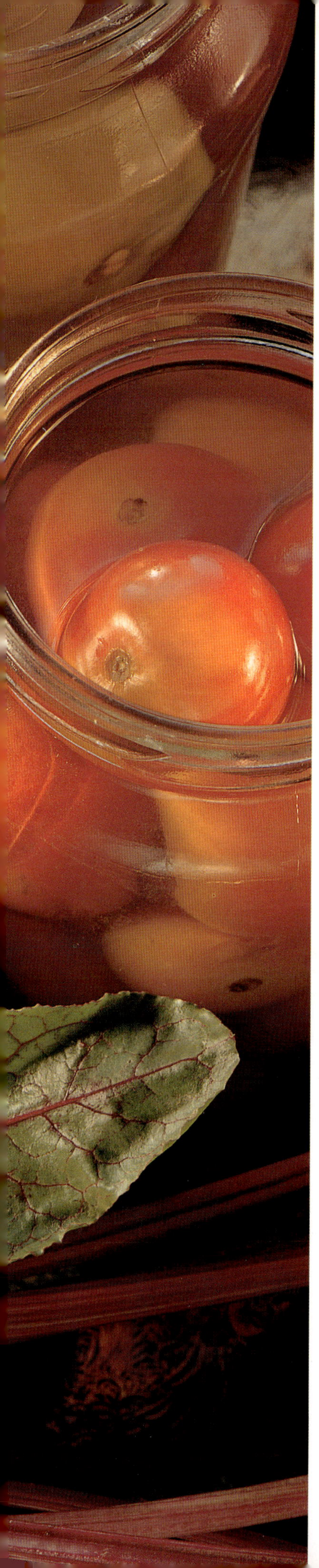

»EUROPÄISCHES RUSSLAND«

Auch wenn sich die Sowjetunion aufgelöst hat, die russische Küche ist in den unabhängigen Staaten des Baltikums, Weißrußlands, Moldawiens und der Ukraine weiterhin beliebt. Die russischen Gerichte haben auch in diesen Ländern eine so lange Tradition, daß sie zum festen Bestandteil des Speisezettels gehören. Die langen, eisigen Winter haben die Eßgewohnheiten in Rußland entscheidend geprägt. Während der Erntezeit im Sommer werden Vorräte angelegt. Sauerkraut, Salzgurken, Salztomaten, Zwiebeln, Kürbis und Rote Bete legt man in Essig ein. Dieses eingelegte Gemüse steht ebenso wie dick aufgeschnittenes Brot zu fast allen Mahlzeiten auf dem Tisch.

Kräftige Suppen und Eintöpfe, die wärmen und sattmachen, gibt es in vielen Varianten. Am bekanntesten ist der »Borschtsch« aus roter Bete, Fleisch und Sauerrahm, ein typisch ukrainisches Gericht. Sehr beliebt sind in der russischen Küche die »Sakuski«. Das sind verschiedene kleine Vorspeisen, die von Salami mit einem Stückchen Gurke über eingelegtes Sauergemüse und »Piroggen« bis hin zu »Blini mit Kaviar« reichen können. Dazu wird Wodka, Rußlands Nationalgetränk, getrunken. Auch die Einflüsse verschiedener Volksstämme und deren Traditionen haben große Bedeutung. So entstanden beispielsweise durch die Fastenzeiten der orthodoxen Kirche viele vegetarische Gerichte wie Grützen aus Graupen, Buchweizen (Kascha) und Gemüse. Einen Höhepunkt im Jahr stellt das Osterfest dar, das im Freundes- und Familienkreis groß gefeiert wird. Den traditionellen Abschluß des österlichen Festessens bildet »Pasha«, ein reichhaltiges Dessert aus Quark, Zucker und Eiern.

Dazu wird russischer Tee, »Tschai«, im Samowar zubereitet, getrunken, ebenso wie »Kwaß«, ein süß-saures, schäumendes Erfrischungsgetränk, das im Sommer auch gekühlt auf der Straße angeboten wird.

Blini

Aus ganz Rußland · Sakuski-Rezept

Buchweizenpfannkuchen

Zutaten für etwa 20 Stück:
300 g Buchweizenmehl
1 Prise Salz
300 ml Milch
½ Würfel Hefe (etwa 20 g)
1 EL Zucker · 2 Eier
8–10 EL Speiseöl zum Braten

Zum Servieren:
Kaviar und saure Sahne

Zubereitungszeit: 40 Min.
(+ 2 Std. Quellen)

Pro Stück: 330 kJ/79 kcal

1 Mehl in eine Schüssel sieben, Salz dazugeben und in die Mitte eine Mulde drücken. Milch erwärmen, die Hefe zerbröckeln und mit 2 EL der Milch in die Mulde geben. Den Zucker darüber streuen, etwas verrühren und zugedeckt an einem warmen Platz etwa 10 Min. gehen lassen.

2 Dann die Eier und die restliche Milch dazugeben, alles gut verrühren. Den Teig zugedeckt etwa 2 Std. quellen lassen.

3 Dann jeweils 1–2 EL Öl portionsweise in einer großen Pfanne stark erhitzen, Temperatur auf mittlere Hitze zurückschalten. Etwas Teig mit einer kleinen Kelle in die Pfanne geben und zu einem Pfannkuchen von etwa 10 cm Durchmesser formen. Nacheinander 20 Pfannkuchen bei mittlerer Hitze in 2–3 Min. von jeder Seite fertigbraten. Je nach Pfannengröße können 2–3 Blini gleichzeitig gebraten werden, fertige Blini warm stellen. Ganz klassisch werden Blini mit saurer Sahne und Kaviar serviert. Sie passen aber auch zu Räucherlachs und Hering.

Kaviar

Einst wurden in Rußland, selbst in einfachen Restaurants, mehrere Sorten von Kaviar als preiswerte Vorspeise angeboten. Dazu aß man Kartoffeln, Brot und Butter oder Blini. Heute gilt russischer Kaviar – Rogen (Eier) von Stören aus dem Kaspischen Meer – als der beste der Welt und ist zum luxuriösen Exportartikel geworden. Er wird mit Salz konserviert, was ihm gleichzeitig den typischen Geschmack verleiht. Dennoch kommt der eigentliche Geschmack mit weniger Salz besser zur Geltung und erhält dann die Zusatzbezeichnung »Malossol«, was soviel heißt wie »wenig gesalzen«. Beim echten Kaviar unterscheidet man drei Sorten: Beluga (Bildmitte vorne) ist grobkörnig, schwarzgrau und der feinste und teuerste Kaviar.

Kaviar und Kaviarersatz sollten möglichst bei –2° C gelagert werden.

Sevruga (hinten rechts) ist feinkörnig, hell- bis mittelgrau mit einer empfindlichen Schale und einem kräftigen Aroma. Osietra (ganz hinten rechts) ist ein kleinkörniger, hartschaliger Kaviar mit einem speziellen Aroma, das Kaviar-Kenner ganz besonders schätzen.
Als Kaviarersatz wird der Rogen des Seehasen (links außen), vom Lachs (Bildmitte hinten) und von der Forelle (vorne rechts) verwendet.
Serviert wird Kaviar im Originalgefäß, einer innen beschichteten Blechdose, auf gestoßenem Eis mit Löffeln aus Perlmutt, Schildpatt oder Holz. Bitte keine Silberlöffel nehmen, da diese oxydieren und das Aroma des Kaviars verändern.

Bitotschki

Aus Rußland · Sakuski-Rezept

Süß-saure Hackfleischbällchen

Zutaten für 16 Stück:
1 mittelgroße Zwiebel
1 EL Speiseöl
50 g Rosinen
50 g Walnußkerne
300 g Rinderhackfleisch
300 g Lammhackfleisch
1 Bund Petersilie
3 Eier
Salz
schwarzer Pfeffer, frisch gemahlen
50 g Mehl
50 g Paniermehl
4 EL Butterschmalz zum Ausbacken
2 unbehandelte Zitronen zum Garnieren

Zubereitungszeit: 50 Min.

Pro Stück: 710 kJ/170 kcal

1 Zwiebel schälen, kleinwürfeln. Öl erhitzen, Zwiebeln darin bei mittlerer Hitze in etwa 3 Min. weich dünsten. Rosinen waschen, gut trockentupfen. Zusammen mit den Walnüssen fein hacken und mit dem Fleisch und der Zwiebel in eine Schüssel füllen.

2 Petersilie waschen, trockenschütteln, einige Stengel beiseite legen, von den übrigen die Blättchen abzupfen, fein hacken und mit 1 Ei zum Fleischteig geben. Mit Salz und Pfeffer kräftig würzen und alles gründlich mischen. Mit angefeuchteten Händen aus dem Fleischteig 16 kleine Bällchen formen.

3 Die restlichen Eier verquirlen. Mehl und Paniermehl getrennt voneinander auf zwei Teller geben. Die Fleischbällchen zuerst in Mehl wenden, dann durch die verquirlten Eier ziehen und schließlich in dem Paniermehl wenden. Butterschmalz in einer breiten Pfanne erhitzen, Fleischbällchen darin bei mittlerer Hitze in 10–15 Min. rundum goldbraun ausbacken.

4 Die Zitronen heiß waschen, trockentupfen und vierteln. Die Bitotschki mit Zitronenvierteln auf einer Platte anrichten und mit den beiseite gelegten Petersilienstengeln garnieren.

Getränk: Zu den Bitotschki paßt Wodka.

Piroschki

Aus ganz Rußland · Sakuski-Rezept

Kleine gefüllte Teigtaschen

Zutaten für 20 Stück:
Für den Teig:
150 g Quark (Magerstufe)
150 g Butter · Salz
250 g Mehl
Mehl für die Arbeitsfläche
Fett für das Blech

Für die Füllung:
2 Eier · 200 g Schweinehals
200 g Rindfleisch
1 mittelgroße Zwiebel · 2 EL Speiseöl
je 1 Bund Dill und Petersilie
2 EL saure Sahne · Salz
schwarzer Pfeffer, frisch gemahlen
1 Eigelb · 2 EL Milch

Zubereitungszeit: 35 Min.
(+ 30 Min. Ruhen + 30 Min. Garen + 25 Min. Backen)

Pro Stück: 710 kJ/170 kcal

1 Für den Teig Quark gut abtropfen lassen, ausdrücken, mit Butter und Salz in eine Schüssel geben. Mehl darüber sieben. Alles zu einem glatten Teig verarbeiten, Teig dann zugedeckt etwa 30 Min. kühl stellen.

2 Inzwischen für die Füllung die Eier in etwa 10 Min. hartkochen, abschrekken, pellen und fein hacken. Dann das Fleisch kleinwürfeln. Die Zwiebel schälen und fein hacken. Das Öl in einer Pfanne erhitzen, das Fleisch darin bei starker Hitze etwa 5 Min. anbraten, die Zwiebel dazugeben und bei gleicher Hitze andünsten. Mit 100 ml Wasser übergießen und etwa 30 Min. offen bei mittlerer Hitze garen, bis fast alle Flüssigkeit verdampft ist. Vom Herd nehmen und abkühlen lassen.

3 Die Kräuter waschen, trockenschütteln, die Blättchen abzupfen und fein hacken. Mit dem Fleisch, den gehackten Eiern und der sauren Sahne mischen, kräftig salzen und pfeffern.

4 Backofen auf 200° vorheizen. Den Teig auf einer bemehlten Arbeitsfläche messerrückendick ausrollen und 20 Kreise von etwa 10 cm Durchmesser ausstechen. Jeweils in die Mitte der Teigkreise etwa 1 EL von der Füllung geben. Das Eigelb mit der Milch verquirlen, die Ränder damit bestreichen und die Kreise zusammenklappen. Dabei die Ränder mit einer Gabel fest aufeinanderdrücken. Piroschki mit der restlichen Eiermilch bestreichen.

5 Ein Backblech einfetten. Piroschki darauf setzen und im Backofen (Mitte; Umluft 180°) etwa 25 Min. backen, dann heiß servieren.

Soljanka

Aus Rußland · Gelingt leicht

Fleisch-Gemüse-Eintopf

Zutaten für 4 Portionen:
100 g geräucherter Schinken, in dickere Scheiben geschnitten
2 Kalbsschnitzel (je etwa 100 g)
2 Hühnerbrustfilets (je etwa 110 g)
2 EL Speiseöl · 1 große Zwiebel
1 kleine Salatgurke (etwa 400 g)
2 Fleischtomaten (etwa 400 g)
250 g Weißkohl · 3/8 l Fleischbrühe (selbstgemacht oder instant)
2 EL Kapern · Salz
schwarzer Pfeffer, frisch gemahlen
1 Msp. Piment, gemahlen
1 Bund glatte Petersilie
200 g saure Sahne

Zubereitungszeit: 45 Min. (+ 30 Min. Garen)
Pro Portion: 1800 kJ/430 kcal

1 Schinken, Kalbsschnitzel und Hühnerbrustfilets in kleine Würfel schneiden. Das Öl in einem großen Topf erhitzen und darin alles etwa 5 Min. bei mittlerer Hitze offen anbraten.

2 Zwiebel schälen, fein hacken und in den Topf geben. Gurke schälen, längs halbieren, die Kerne herausschaben und das Fruchtfleisch kleinwürfeln und zum Fleisch geben. Tomaten mit kochendheißem Wasser überbrühen, häuten, Kerne und Stielansätze entfernen, Fruchtfleisch grob hacken und unter das Fleisch mischen.

3 Weißkohl putzen, in schmale Streifen hobeln, waschen, abtropfen lassen und in den Topf geben. Alles mit der Fleischbrühe aufgießen, die Kapern hinzufügen und mit Salz, Pfeffer und Piment würzen. Den Eintopf zugedeckt bei mittlerer Hitze etwa 30 Min. köcheln lassen. Petersilie waschen, Blättchen abzupfen und grob hacken. Die Hälfte davon mit der sauren Sahne in den Eintopf rühren, diesen mit den Gewürzen abschmecken, mit der restlichen Petersilie bestreuen und servieren.

Variante: Fisch-Soljanka
(Fisch-Gemüse-Eintopf)
Den Eintopf wie oben, jedoch ohne Schinken, Fleisch, Kohl, und mit Fischfond oder Gemüsebrühe zubereiten. Etwa 10 Min. vor Ende der Garzeit je 250 g in kleine Stücke geschnittenen Lachs und frischen Stör sowie 2 Bund feingehackten Dill untermischen.

Borschtsch po Kievski

Aus der Ukraine · Braucht Zeit

Rote-Bete-Eintopf aus Kiew

Zutaten für 4–6 Portionen:
400 g Schweineschulter, ohne Knochen
400 g Rindfleisch aus der Wade, ohne Knochen · 250 g Zwiebeln
3 EL Speiseöl · Salz
schwarzer Pfeffer, frisch gemahlen
300 g Weißkohl
300 g Kartoffeln, mehligkochend
800 g Rote Bete · 1 EL Kümmel
2 Lorbeerblätter · 3/4 l Fleischbrühe (selbstgemacht oder instant)
3 EL Essig · 200 g saure Sahne

Zubereitungszeit: 2 1/4 Std.
Bei 6 Portionen pro Portion: 1900 kJ/450 kcal

1 Fleisch in Würfel von etwa 3 cm Kantenlänge schneiden. Zwiebeln schälen und fein hacken. Öl in einem großen Topf erhitzen, das Fleisch darin portionsweise bei starker Hitze anbraten. Dann die Zwiebeln untermischen, salzen und pfeffern und beiseite stellen.

2 Weißkohl putzen, in feine Streifen hobeln, waschen und abtropfen lassen. Kartoffeln und Rote Bete schälen und in Würfel von etwa 1 cm Kantenlänge schneiden. Weißkohl, Rote Bete und die Kartoffeln abwechselnd auf das Fleisch schichten, dabei jede Schicht mit Salz, Pfeffer und Kümmel würzen.

3 Lorbeerblätter hinzufügen und mit Fleischbrühe aufgießen. Alles bei starker Hitze aufkochen, Temperatur reduzieren und zugedeckt etwa 1 1/2 Std. bei schwacher Hitze köcheln lassen. Den Eintopf mit Salz, Pfeffer und Essig abschmecken. Vor dem Servieren die saure Sahne untermischen.

Info: Ursprünglich kommt der Borschtsch aus der Ukraine, fand aber schnell in ganz Rußland großen Anklang. Es gibt ihn in ungezählten Varianten, und man sagt, daß jeder russische Haushalt sein eigenes Borschtsch-Rezept hat.

Barsch in saurer Sahne

Aus Rußland · Gelingt leicht

Okun w smjetanje

Zutaten für 4 Portionen:
1 Barsch (etwa 1,2 kg), küchenfertig vorbereitet, beim Fischhändler vorbestellen, ersatzweise Kabeljau
Saft von 1/2 Zitrone
Salz
schwarzer Pfeffer, frisch gemahlen
2 große Zwiebeln
50 g Butter
2 EL Mehl
250 g saure Sahne

Zubereitungszeit: 20 Min. (+ 45 Min. Garen)
Pro Portion: 1700 kJ/400 kcal

1 Den Barsch kalt abspülen, trockentupfen, mit Zitronensaft beträufeln, innen und außen salzen und pfeffern.

2 Zwiebeln schälen und in feine Ringe schneiden. Butter in einem Bräter erhitzen und die Zwiebeln darin bei mittlerer Hitze in etwa 3 Min. glasig dünsten. Dann herausnehmen und beiseite stellen. Den Backofen auf 180° vorheizen.

3 Den Fisch rundum mit Mehl bestäuben und im verbliebenen Bratfett im Bräter von beiden Seiten bei mittlerer Hitze in etwa 3 Min. goldgelb anbraten. Die Zwiebeln um den Fisch herum verteilen, alles salzen, pfeffern und saure Sahne darüber gießen.

4 Den Barsch zugedeckt im Backofen (Mitte; Umluft 160°) etwa 45 Min. garen. Dann den Fisch herausnehmen, häuten und die Filets von den Gräten heben. Die Sauce abschmecken und falls nötig nachwürzen.

5 Den Barsch mit den Zwiebeln und der Sauce auf vier vorgewärmten Tellern anrichten. Zum Barsch passen Salzkartoffeln und Gurkensalat.

Tips! Sehr gut schmeckt dieses Gericht auch, wenn Sie zusätzlich 800 g gekochte, geschälte Kartoffeln (mehligkochend) in Scheiben schneiden, im gefetteten Bräter verteilen, salzen, pfeffern und den Fisch mit den Zwiebeln darauf geben. Im Herbst können Sie noch 250 g in Scheiben geschnittene frische Steinpilze mit den Zwiebeln anbraten und dazugeben.

Bœuf Stroganoff

Aus Rußland · Pikant

Rindergeschnetzeltes

Zutaten für 4 Portionen:
1 große Fleischtomate
200 g kleine Champignons
1 TL Zitronensaft
2 mittelgroße Zwiebeln
1 mittelgroße Essiggurke
750 g Rinderfilet
2 EL Speiseöl
Salz
schwarzer Pfeffer, frisch gemahlen
2 EL Butter
3 EL Tomatenmark
2 TL mittelscharfer Senf
250 g saure Sahne

Zubereitungszeit: 1 Std.

Pro Portion: 1800 kJ/430 kcal

1 Tomate mit kochendheißem Wasser überbrühen, häuten, Kerne und Stielansätze entfernen, Fruchtfleisch grob schneiden. Champignons putzen, waschen, halbieren oder vierteln, mit Zitronensaft beträufeln, damit sie hell bleiben. Zwiebeln schälen, fein hacken. Gurke in kleine Würfel schneiden.

2 Fleisch erst in Scheiben, dann in etwa 4 cm lange und 1 cm breite Streifen schneiden. Öl in einer breiten Pfanne erhitzen und das Fleisch darin portionsweise bei starker Hitze 3–4 Min. anbraten, salzen, pfeffern und herausnehmen und zugedeckt beiseite stellen.

3 Die Butter in der Pfanne schmelzen, Zwiebeln darin bei mittlerer Hitze etwa 3 Min. andünsten. Champignons, Tomate, Tomatenmark und Gurkenwürfel dazugeben. Alles etwa 8 Min. bei mittlerer Hitze dünsten. Senf unterrühren, mit Salz und Pfeffer abschmecken.

4 Das Fleisch in die Sauce geben, aufkochen. Die saure Sahne unterrühren und alles 10 Min. bei schwacher Hitze erwärmen, aber nicht mehr kochen, weil die saure Sahne sonst gerinnt. Nochmals abschmecken. Dazu passen mit Petersilie garnierte Bratkartoffeln.

Getränk: Zu diesem festlichen Gericht schmeckt ein trockener Krimsekt.

Pasha

Osterdessert · Braucht etwas Zeit

Quarkspeise

Zutaten für 4–6 Portionen, für einen neuen Blumentopf mit einem oberen Ø von 15 cm:
1 kg Quark (Magerstufe)
100 g Rosinen
200 g Butter · 150 g Zucker
4 ganz frische Eigelb
250 g Sahne
100 g geschälte, gehackte Mandeln
Mark von 1 Vanilleschote
abgeriebene Schale von 1 unbehandelten Zitrone · 1 Prise Salz
nach Belieben 100 g kandierte Früchte

Zubereitungszeit: 30 Min. (+ 12 Std. Kühlen + 24 Std. Trocknen)

Bei 6 Portionen pro Portion: 3800 kJ/900 kcal

1 Quark in ein Küchentuch geben und sehr gut ausdrücken. Dann zwischen zwei Brettchen in eine Schüssel legen, mit einem Gewicht beschweren und über Nacht in den Kühlschrank stellen.

2 Am nächsten Tag die Rosinen waschen und gut trockentupfen. Die Butter mit dem Zucker und den Eigelben in einer Schüssel schaumig schlagen. Quark, Rosinen, Sahne, Mandeln Vanillemark, Zitronenschale und Salz untermischen.

3 Den Blumentopf waschen, abtrocknen und mit einem Küchentuch auskleiden. Quarkmasse einfüllen, zudecken und beschweren. Den Blumentopf in eine Schüssel stellen und 24 Std. im Kühlschrank trocknen lassen.

4 Die Pasha auf eine Platte stürzen und nach Belieben mit kandierten Früchten garnieren und mit den kyrillischen Buchstaben »XB«, für »Christus ist auferstanden« verzieren.

Wichtiger Hinweis: Bitte verwenden Sie nur ganz frische Eier von freilaufenden Hühnern, um das Salmonellenrisiko zu verringern.

Variante: Quarkauflauf
(Tworoshnaja zapjekanka)
Dafür 1 kg abgetropften Magerquark mit 2 Eiern, 4 EL Grieß, 6 EL Zucker, 200 g saurer Sahne und 100 g Rosinen verrühren, in eine gefettete feuerfeste Form geben und im Backofen bei 180° (Mitte; Umluft 160°) etwa 30 Min. backen.

Kirschbabka

Aus der Ukraine · Gelingt leicht

Kirschauflauf

Zutaten für 4–6 Portionen, für 1 Auflaufform von 1 l Inhalt:
400 g frische Sauerkirschen (ersatzweise 1 Glas Sauerkirschen à 370 g Abtropfgewicht)
5 Eier · 100 g Zucker
150 g saure Sahne
1 TL Zimt, gemahlen
1/2 TL Anis, gemahlen
100 g Mehl · 1 Prise Salz
Fett für die Form
Puderzucker zum Bestäuben

Zubereitungszeit: 45 Min. (+ 1 Std. Backen)
Bei 6 Portionen pro Portion: 1100 kJ/260 kcal

1 Die frischen Kirschen waschen und entsteinen. Kirschen aus dem Glas abgießen und abtropfen lassen. Die Kirschen im Mixer pürieren. Den Backofen auf 150° vorheizen.

2 Eier trennen. Eigelbe mit Zucker schaumig schlagen. Saure Sahne, Zimt und Anis dazugeben, nach und nach das Mehl und das Kirschpüree unterrühren.

3 Die Eiweiße mit dem Salz in einem fettfreien Gefäß zu steifem Schnee schlagen und gleichmäßig unter die Kirschmasse heben. Die Form einfetten, die Kirschmasse einfüllen und im Backofen (Mitte; Umluft 140°) etwa 1 Std. backen. Danach die Kirschbabka, nach Belieben durch eine schöne Schablone, mit Puderzucker bestäuben und sofort servieren.

Tips! Anstatt der Kirschen können Sie auch je 500 g geschälte, kleingeschnittene Äpfel oder Birnen verwenden. Auch 400 g entsteinte, halbierte Pflaumen schmecken gut. Wer will, kann das Obst vor dem Pürieren auch 30 Min. mit 6 cl Wodka marinieren.

I. O.
HÁZI KÉSZÍTÉSŰ
KALOCS

POLEN, UNGARN, TSCHECHIEN, SLOWAKEI

In Polen wird sehr viel Fleisch, Wurst und Geflügel, besonders Gänse, gegessen sowie Fische von der Ostseeküste, aus Seen und Flüssen. Zu Weihnachten gibt es Karpfen süßsauer, eine sehr typische Zubereitungsart in der polnischen Küche. Ihren Wodka, wie in Rußland das Nationalgetränk, verfeinern die Polen gerne mit Aromastoffen wie z. B. Trockenpflaumen und Pfefferminze. Eine weitere Spezialität ist das würzige Honigbier »Met«.
Die Ungarn lieben es üppig, ihr Nationalgericht, »Gulyás«, ist eine nahrhafte Suppe mit Zwiebeln, Paprika, Tomaten, Kartoffeln und Fleischwürfeln. Das Fleischragout, mit viel Paprika gewürzt, das unter diesem Namen weltberühmt geworden ist, heißt in Ungarn »Pörkölt«. Weitere Spezialitäten sind Salami, Gänseleber und natürlich Paprika. Ungarns Seen bereichern die Küche mit Süßwasserfischen, wie z. B. dem edlen Plattensee-Zander. Trotz der verlockenden Hauptgerichte sollte man sich hier immer etwas Platz für die wunderbaren Mehlspeisen lassen. Dazu werden ausgezeichnete Weine aus den Anbaugebieten Tokaj und Erlau getrunken. Und nach dem Essen tut ein »Baráck Pálinka«, ein Aprikosengeist, oder ein »Unicum« (Magenbitter) gut.
Die berühmten böhmischen Spezialitäten bilden das Herz der Küche von Tschechien und der Slowakei. Wer es sich leisten konnte, hatte während der Zeit der Donau-Monarchie eine böhmische Köchin. So verwundert die Ähnlichkeit mit der österreichischen Küche nicht. Fleischgerichte, wie z. B. der bekannte »Prager Schinken in Brotteig«, Knödel in jeder Form und natürlich ein Bier aus Pilsen oder Budweis dürfen bei einem solchen Essen nicht fehlen. Zum Schluß werden auch hier wunderbare Mehlspeisen, wie z. B. Powidltascherln, aufgetischt.

Kesselgulasch

Aus Ungarn · Würzig

Bográcsgulyás

Zutaten für 6 Portionen:
300 g Zwiebeln · 3 Knoblauchzehen
1 kg Rindfleisch (Schulter oder Wade)
3 EL Schweineschmalz
3 EL Paprikapulver, edelsüß
1 TL Delikateß-Paprikapulver
Salz · schwarzer Pfeffer
1 EL Kümmel, gemahlen
3 EL Tomatenmark · 1 l Fleischbrühe
2 rote Paprikaschoten
1 grüne Paprikaschote
3 Fleischtomaten (etwa 500 g)
500 g Kartoffeln, mehligkochend
Zubereitungszeit: 45 Min.
(+ 1 ½ Std. Garen)
Pro Portion: 2000 kJ/480 kcal

1 Zwiebeln schälen und fein hacken. Knoblauch schälen. Das Fleisch in Würfel von etwa 2 cm Kantenlänge schneiden. Schweineschmalz in einem großen Topf erhitzen und das Fleisch portionsweise bei starker Hitze darin 3–5 Min. anbraten.

2 Das gesamte Fleisch zurück in den Topf geben. Dann die Zwiebeln dazugeben, bei mittlerer Hitze andünsten und mit Paprikapulver bestäuben. Mit Salz, Pfeffer und Kümmel würzen, den Knoblauch durch eine Knoblauchpresse dazugeben und das Tomatenmark unterrühren. Mit der Fleischbrühe aufgießen und bei schwacher Hitze zugedeckt etwa 1 Std. schmoren lassen.

3 Die Paprikaschoten putzen, waschen und in schmale Streifen schneiden. Tomaten mit kochendheißem Wasser überbrühen, häuten, Kerne und Stielansätze entfernen, Fruchtfleisch grob zerschneiden. Kartoffeln schälen, waschen, in kleine Würfel schneiden. Alles unter das Fleisch mischen und zusammen noch etwa 30 Min. köcheln lassen.

4 Das Kesselgulasch abschmecken, falls nötig nachwürzen.

Gewürzpaprika

Die Urheimat des Gewürzpaprikas ist Südamerika. Die spanischen Eroberer brachten die Pflanze nach Europa, wo sie über Spanien nach Ungarn kam. Dort wird seit dem Ende des 18. Jahrhunderts Gewürzpaprika angebaut und gilt bis heute als Nationalgewürz.
Bei Paprika unterscheidet man zwischen dem milden Gemüse- und dem scharfen Gewürzpaprika. Die Schärfe des Gewürzpaprikas kommt vom Alkaloid Capsaicin, das hauptsächlich in den Samen und Scheidewänden der Früchte enthalten ist. Die geernteten Schoten werden auf Schnüre gefädelt und 3–4 Wochen in der Sonne getrocknet und danach gemahlen. Die Unterschiede in Farbe und Schärfegrad werden durch unterschiedliche Mengenzugaben von gemahlenen Samen und Trennwänden zum milden Fruchtfleisch erreicht.
Gewürzpaprika wird in verschiedenen Schärfegraden angeboten:
Delikateß-Paprika ist die mildeste Variante. Er hat eine kräftige hell- bis dunkelrote Farbe und wird deshalb mehr zum Färben von Speisen als zum Würzen verwendet.
Edelsüßer Paprika hat eine milde würzige Schärfe, die für die ungarische Küche ganz typisch ist.
Rosenpaprika hat eine weitaus dezentere Farbe, ist dafür aber sehr scharf.

Paprika wird auf allen ungarischen Märkten verkauft.

Fischsuppe

Aus Ungarn · Braucht etwas Zeit

Halászlé

Zutaten für 4–6 Portionen:
800 g Flußfische (z. B. Zander, Hecht, Schleie, Karpfen oder gemischt), gleich vom Fischhändler filetieren lassen und Fischabfälle mitnehmen
1 EL schwarze Pfefferkörner · Salz
2 Lorbeerblätter · 2 Zwiebeln
300 g Kartoffeln, mehlig- oder festkochend
500 g Fleischtomaten
1 grüne Paprikaschote · 2 EL Speiseöl
2 EL Paprikapulver, edelsüß
schwarzer Pfeffer, frisch gemahlen

Zubereitungszeit: 1 1/2 Std.

Bei 6 Portionen pro Portion: 800 kJ/190 kcal

1 Fischabfälle kalt abspülen und mit 1 l Wasser, Pfefferkörnern, Salz und Lorbeer in einen Topf geben. Alles offen bei starker Hitze aufkochen und in etwa 45 Min. um etwa 1/4 l reduzieren. Sud durchsieben, auffangen. Fischfilets wenn nötig häuten, entgräten, waschen und trockentupfen. Zwiebeln und Kartoffeln schälen. Zwiebeln fein hacken. Kartoffeln in kleine Würfel schneiden.

2 Die Tomaten überbrühen, häuten, Kerne und Stielansätze entfernen. Fruchtfleisch grob hacken. Paprikaschote putzen, waschen, Fruchtfleisch in kleine Würfel schneiden.

3 Öl in einem großen Topf erhitzen, Zwiebeln und Kartoffeln darin bei mittlerer Hitze unter Rühren etwa 5 Min. andünsten. Nach der Hälfte der Zeit das Paprikapulver darüber stäuben, verrühren, die Tomaten dazugeben.

4 Den Fischfond in den Topf zum Gemüse gießen, bei starker Hitze aufkochen, salzen und pfeffern. Fischfilets und Paprikawürfel in den Topf geben und zugedeckt bei sehr schwacher Hitze in etwa 15 Min. gar ziehen lassen.

Info: In Ungarn wird im Sommer gerne im Freien gekocht. Man bereitet diese Suppe im »Bogracs« (Kessel mit Henkel) über dem offenem Feuer zu. Kocht man sie zu Hause, werden die Kartoffeln durchpassiert oder ganz weggelassen.

Zanderfilets auf Füreder Art

Aus Ungarn · Gelingt leicht

Fogasszelet

Zutaten für 4 Portionen:
500 g Champignons
Saft von 1 Zitrone
2 EL Butter
4 Knoblauchzehen
Salz
schwarzer Pfeffer, frisch gemahlen
800 g Zanderfilet
75 g Mehl
1 EL Delikateß-Paprikapulver
4 EL Speiseöl
1 Bund glatte Petersilie

Zubereitungszeit: 1 Std.

Pro Portion: 1700 kJ/400 kcal

1 Champignons putzen, waschen, blättrig schneiden und mit der Hälfte des Zitronensaftes beträufeln. 1 EL Butter in einer Pfanne erhitzen, die Pilze darin offen bei mittlerer Hitze dünsten, bis fast alle Flüssigkeit verdampft ist. Die Knoblauchzehen schälen, eine davon durch eine Knoblauchpresse zu den Pilzen geben, alles salzen, pfeffern und im Backofen bei 75° (Umluft 50°) warm halten.

2 Den Fisch kurz abspülen, trockentupfen und in acht Teile schneiden. Mit dem restlichen Zitronensaft beträufeln, salzen und pfeffern. Das Mehl mit dem Paprikapulver mischen und den Fisch darin wenden. Das Öl in einer Pfanne erhitzen und den Fisch darin bei mittlerer Hitze in 3–5 Min. knusprig braun braten, dabei einmal wenden.

3 Petersilie waschen, trockenschütteln, Blättchen abzupfen und fein hacken. Die restliche Butter in einem kleinen Topf erhitzen, die Petersilie bei schwacher Hitze etwa 1 Min. darin schwenken, den übrigen Knoblauch dazupressen und unterrühren. Die Pilze auf einer Platte verteilen, die Zanderfilets darauf anrichten und die Petersilien-Knoblauch-Mischung darüber geben. Zu den Zanderfilets schmecken Salzkartoffeln und Blattsalat.

Polnischer Karpfen

Aus Polen · Ganz einfach

Polskie karpy

Zutaten für 4 Portionen:
1 Karpfen (etwa 1 kg), küchenfertig vorbereitet und vom Fischhändler in Portionsstücke teilen lassen
5 Schalotten · 2 EL Butter
1 Lorbeerblatt
6 schwarze Pfefferkörner
4 Wacholderbeeren
Salz · 1 TL Zucker
1/2 l dunkles Bier · 2 EL Rosinen
1 Saucenlebkuchen
2 EL Johannisbeergelee
2 EL Mandelstifte
1 Bund Petersilie

Zubereitungszeit: 30 Min. (+ 35 Min. Garen)

Pro Portion: 1500 kJ/360 kcal

1 Karpfenstücke abspülen, trockentupfen. Schalotten schälen, fein hacken. Butter in einem Topf erhitzen und die Schalotten darin bei mittlerer Hitze andünsten. Lorbeerblatt, Pfefferkörner, Wacholderbeeren, Salz und Zucker dazugeben, mit dem Bier aufgießen, aufkochen und etwa15 Min. bei mittlerer Hitze zugedeckt köcheln lassen. Rosinen waschen und trockentupfen.

2 Die Sauce durch ein Sieb gießen, Sud wieder in den Topf füllen. Lebkuchen zerbröckeln und mit den Rosinen, dem Johannisbeergelee und den Mandeln hineingeben. Alles bei starker Hitze aufkochen, Temperatur herunterschalten, die Karpfenstücke in die Sauce geben und zugedeckt bei ganz schwacher Hitze in etwa 20 Min. gar ziehen lassen. Nach der Hälfte der Garzeit die Fischstücke einmal vorsichtig wenden.

3 Petersilie waschen, trockenschütteln, Blättchen abzupfen und fein hacken. Die Fischstücke auf einer vorgewärmten Platte anrichten, die Petersilie in die Sauce streuen und diese extra zum Karpfen reichen.

Info: Wenn in Polen der Karpfen beim Einkauf geschlachtet wird, fängt man das Blut auf und gibt es zusätzlich in die Sauce.

Tip! Anstelle des Saucenlebkuchens können Sie auch etwas Brotrinde im Sud mitkochen.

Bigosch

Aus Polen · Deftig

Krautfleisch

Zutaten für 6–8 Portionen
600 g Schweinehals, ohne Knochen
2 EL Speiseöl · Salz
schwarzer Pfeffer, frisch gemahlen
1 Weißkohl (etwa 750 g)
2 mittelgroße Zwiebeln
5 Knoblauchzehen
150 g geräucherter Schinken, ohne Schwarte
2 mittelgroße Äpfel (etwa 350 g), säuerliche Sorte
2 große Tomaten (etwa 300 g)
Fett für die Form
2 Lorbeerblätter

Zubereitungszeit: 1 Std.
(+ 1 ½ Std. Garen)

Bei 8 Portionen pro Portion:
1700 kJ/400 kcal

1 Fleisch waschen, trockentupfen und in Würfel von etwa 3 cm Kantenlänge schneiden. Das Öl in einer Pfanne erhitzen und das Fleisch darin portionsweise bei starker Hitze 3–5 Min. anbraten, salzen, pfeffern und beiseite stellen.

2 Weißkohl putzen, in feine Streifen hobeln, waschen und gut abtropfen lassen. Zwiebeln und Knoblauch schälen und fein hacken. Den Schinken in kleine Würfel schneiden. Den Backofen auf 200° vorheizen.

3 Äpfel schälen, vierteln, das Kerngehäuse entfernen und Äpfel in Scheiben schneiden. Tomaten mit kochendheißem Wasser überbrühen, häuten, Stielansätze entfernen und die Tomaten in Scheiben schneiden.

4 Einen Bräter einfetten, jeweils die Hälfte des Weißkohls, der Zwiebeln und des Schinkens darin verteilen, salzen pfeffern und das Fleisch darauf legen.

5 Die restlichen Zwiebeln mit dem Schinken, dem Knoblauch, den Tomaten und den Äpfeln sowie die Lorbeerblätter darauf verteilen. Nochmals kräftig würzen und zum Schluß mit dem restlichen Weißkohl bedecken. Wiederum salzen, pfeffern und zugedeckt im Backofen (Mitte; Umluft 180°) etwa 1 ½ Std. garen, dann sofort servieren.

Info: Bigosch gibt es in vielen verschiedenen Varianten, jeder polnische Haushalt hat sein eigenes Rezept. Oft wird das Krautfleisch statt mit Weißkohl auch mit Sauerkraut zubereitet.

Paprika-Tomaten-Gemüse

Aus Ungarn · Gelingt leicht

Lecsó

Zutaten für 4 Portionen:
1 kg rote, grüne und gelbe Paprikaschoten
600 g Fleischtomaten
150 g Zwiebeln
50 g Speck, durchwachsen, ohne Schwarte
2 EL Schweineschmalz
1 TL Delikateß-Paprikapulver
Salz
schwarzer Pfeffer, frisch gemahlen
zum Garnieren: saure Sahne

Zubereitungszeit: 30 Min. (+ 20 Min. Garen)

Pro Portion: 940 kJ/220 kcal

1 Die Paprikaschoten längs halbieren, Kerne und Trennwände entfernen, Schoten waschen, vierteln und in breite Streifen schneiden.

2 Die Tomaten mit kochendheißem Wasser überbrühen, häuten und dabei die Stielansätze entfernen. Die Tomaten achteln. Die Zwiebeln schälen, halbieren, in schmale Halbringe schneiden.

3 Den Speck in kleine Würfel schneiden. In einem breiten Topf das Schweineschmalz erhitzen und die Speckwürfel darin bei mittlerer Hitze ausbraten. Die Zwiebeln darin andünsten, Paprikapulver darüber stäuben.

4 Paprikastreifen und Tomaten in den Topf geben, alles mit Salz und Pfeffer würzen. Das Gemüse offen bei starker Hitze etwa 3 Min. dünsten, bis ein Teil des Saftes verdampft ist. Dann Temperatur herunterschalten und das Gemüse zugedeckt bei schwacher Hitze etwa 20 Min. schmoren lassen. Mit saurer Sahne garnieren und servieren.

Tip! Lecsó ist eine beliebte Beilage zu Fleisch- und Geflügelgerichten, wird aber mit Kartoffeln, ohne Speck und statt Schweineschmalz mit Öl zubereitet, auch als vegetarisches Gericht gegessen.

Kalbsgulasch mit Paprika

Aus Ungarn · Gelingt leicht

Borjúpörkölt

Zutaten für 4 Portionen:
800 g Kalbfleisch aus der Nuß
2 Zwiebeln
3 EL Speiseöl
2 TL Paprikapulver, edelsüß
1/2–1 TL Paprikapulver, rosenscharf
1/4 l Fleischbrühe (selbstgemacht oder instant)
Salz
2 grüne Paprikaschoten
1 Fleischtomate
2 TL Speisestärke
200 g saure Sahne

Zubereitungszeit: 1 Std. 10 Min.

Pro Portion: 1500 kJ/360 kcal

1 Das Fleisch waschen, trockentupfen und in möglichst gleich große Würfel von etwa 3 cm Kantenlänge schneiden. Die Zwiebeln schälen und fein hacken.

2 Öl in einem Topf erhitzen, die Fleischwürfel darin portionsweise rundum bei mittlerer Hitze 3–5 Min. anbraten. Das gesamte Fleisch wieder in den Topf, Zwiebeln dazugeben, goldgelb andünsten und mit dem Paprika bestäuben. Mit der Brühe ablöschen, aufkochen, salzen und zugedeckt bei schwacher Hitze etwa 45 Min. schmoren.

3 Inzwischen die Paprikaschoten putzen, waschen und in schmale Streifen schneiden. Fleischtomate mit kochendheißem Wasser überbrühen, häuten, Kerne und Stielansätze entfernen und das Fruchtfleisch grob hacken. Paprikaschoten und die Tomate etwa 15 Min. vor Garzeitende zum Fleisch geben und mitschmoren.

4 Speisestärke mit 1 EL Wasser glattrühren, zum Gulasch geben, kurz aufkochen lassen. Saure Sahne unterrühren. Kalbsgulasch abschmecken, falls nötig nachwürzen. Sofort mit Tarhonya, den Spätzle ähnlichen Eiergraupen, oder Spätzle servieren.

Getränk: Zum Kalbsgulasch paßt ein ungarischer Rotwein, z. B. ein Zweigelt, ausgezeichnet.

Gänseragout

Aus Tschechien und der Slowakei

Husí ragout

Zutaten für 4 Portionen:
3 frische Gänsekeulen
(je etwa 400 g), beim Geflügelhändler vorbestellen
400 g Zwiebeln · 4 EL Gänseschmalz
2 EL Paprikapulver, edelsüß
2 EL Rotweinessig
1/2–3/4 l Geflügelbrühe
(selbstgemacht oder aus dem Glas)
3 Knoblauchzehen · 1 TL Kümmel
1 TL Majoran, getrocknet
1/2 TL Zucker · Salz
schwarzer Pfeffer, frisch gemahlen
1 Bund Petersilie

Zubereitungszeit: 30 Min.
(+ 1 Std. Garen)
Pro Portion: 4500 kJ/1100 kcal

1 Gänsekeulen häuten, das Fleisch von den Knochen lösen und in Würfel schneiden. Zwiebeln schälen und fein hacken.

2 Das Gänseschmalz in einem Bräter erhitzen, die Zwiebeln darin bei schwacher Hitze andünsten. Mit Paprika bestäuben und den Essig unterrühren. Das Gänsefleisch dazugeben und so viel Geflügelbrühe aufgießen, bis das Fleisch knapp bedeckt ist.

3 Knoblauch schälen und durch eine Knoblauchpresse dazudrücken. Kümmel, Majoran und Zucker unterrühren. Das Gänseragout zugedeckt bei schwacher Hitze etwa 1 Std. schmoren lassen. Dann den Deckel abnehmen und die Sauce offen bei mittlerer Hitze in 5–8 Min. sämig einkochen. Das Gänseragout mit Salz und Pfeffer abschmecken.

4 Petersilie waschen, trockenschütteln, Blättchen abzupfen, fein hacken und vor dem Servieren über das Gänseragout streuen. Heiß mit Böhmischen Knödeln und Rotkohl mit Speckwürfeln, in etwas Rotwein gedünstet, servieren.

Getränk: Zum Gänseragout schmeckt Bier, z. B. ein Pils.

Böhmische Knödel

Aus Tschechien · Braucht etwas Zeit

Knedlíky

Zutaten für 4 Portionen:
6 Brötchen vom Vortag (etwa 350 g)
1 mittelgroße Zwiebel
1 Bund Petersilie
5 EL Butterschmalz
200 g Mehl
Salz
1/8 l Milch
3 Eier
Mehl für die Arbeitsfläche

Zubereitungszeit: 30 Min.
(+ 30 Min. Ruhen + 45 Min. Garen)

Pro Portion: 2900 kJ/690 kcal

1 Brötchen in kleine Würfel schneiden. Zwiebel schälen und fein hacken. Petersilie waschen, trockenschütteln, Blättchen abzupfen und fein hacken. In einer Pfanne 3 EL Butterschmalz erhitzen, Brötchenwürfel darin bei mittlerer Hitze goldgelb anrösten und herausnehmen. Das restliche Butterschmalz in die Pfanne geben, Zwiebel und Petersilie darin bei mittlerer Hitze andünsten, vom Herd nehmen und abkühlen lassen.

2 In einer Schüssel aus Mehl, 1 Prise Salz, Milch und Eiern einen Teig anrühren. Brötchenwürfel und Zwiebel-Petersilien-Gemisch unterrühren und alles zugedeckt etwa 30 Min. ruhen lassen.

3 Dann in einem großen, möglichst ovalen Topf reichlich Salzwasser bei starker Hitze aufkochen. Knödelteig gut durchkneten und daraus auf einer bemehlten Arbeitsfläche 2 dicke längliche Rollen von etwa 8 cm Durchmesser formen. In den Topf legen, kurz aufkochen, Temperatur herunterschalten und die Knödel im halbgeöffneten Topf in 30–45 Min. bei schwacher Hitze gar ziehen lassen.

4 Dann herausnehmen, auf einem Sieb abtropfen lassen. Knödel mit Küchengarn oder einem Messer in fingerdicke Scheiben schneiden und auf einer vorgewärmten Platte anrichten. Böhmische Knödel schmecken als Beilage zu Braten, Ragouts und Wild.

Rinderfilet in Sahnesauce

Aus Böhmen · Geht schnell

Svicková

Zutaten für 4 Portionen:
2 Bund Suppengrün
2 Zwiebeln
50 g fetter Speck, ohne Schwarte
750 g Rinderfilet
Salz
schwarzer Pfeffer, frisch gemahlen
2 EL Schweineschmalz
3 Lorbeerblätter
1/8 l trockener Weißwein
1/8 l Fleischbrühe
(selbstgemacht oder instant)
1 EL Mehl
200 g saure Sahne

Zubereitungszeit: 45 Min.
Pro Portion: 2100 kJ/500 kcal

1 Suppengrün putzen, waschen und grob hacken. Zwiebeln schälen und fein würfeln. Speck in Streifen schneiden, diese im Kühl- oder Gefrierschrank sehr kalt werden lassen.

2 Das Fleisch mit Hilfe einer Spicknadel mit den Speckstreifen spicken, dann salzen und pfeffern. Das Schweineschmalz in einem großen Bräter erhitzen und das Fleisch darin etwa 5 Min. rundherum bei starker Hitze anbraten. Temperatur herunterschalten.

3 Zwiebeln und Suppengrün zum Fleisch geben und bei mittlerer Hitze etwa 5 Min. andünsten. Lorbeerblätter dazugeben, den Wein und die Brühe dazugießen. Alles aufkochen lassen, Temperatur herunterschalten und das Rinderfilet zugedeckt bei schwacher Hitze etwa 15 Min. schmoren lassen.

4 Dann das Fleisch herausnehmen und warm stellen. Die Sauce durch ein Sieb gießen und wieder in den Topf füllen. Das Mehl mit der sauren Sahne glattrühren, in die Sauce rühren, kurz aufwallen, aber nicht mehr kochen lassen. Das Fleisch aufschneiden und auf einer vorgewärmten Platte anrichten. Sauce separat dazu reichen.

Tip! Magerer ist das Gericht, wenn Sie auf das Spicken des Fleisches mit dem Speck verzichten.

Skubanken

Aus Tschechien und der Slowakei

Kartoffelnudeln

Zutaten für 4 Portionen:
500 g Kartoffeln, mehligkochend
Salz
1 mittelgroße Zwiebel
3 EL Butter
125 g Mehl
1 Ei

Zubereitungszeit: 45 Min.

Pro Portion: 1300 kJ/310 kcal

1 Kartoffeln schälen, vierteln und mit Salzwasser bedeckt bei mittlerer Hitze etwa 15 Min. garen. Inzwischen Zwiebel schälen, fein hacken. 2 EL Butter in einem Topf erhitzen, Zwiebel darin bei mittlerer Hitze braun rösten, dann zugedeckt warm stellen.

2 Kartoffeln abgießen und durch eine Kartoffelpresse in eine Schüssel drükken. Mit der restlichen Butter, dem Mehl und dem Ei verarbeiten, bis ein formbarer Teig entsteht. Mit Salz abschmecken.

3 Aus dem Kartoffelteig etwa fingerdicke Nudeln formen. Reichlich Salzwasser in einem hohen Topf zum Kochen bringen, Temperatur herunterschalten, Skubanken ins Wasser geben und offen bei schwacher Hitze in etwa 15 Min. garziehen lassen. Dann aus dem Topf nehmen, abtropfen lassen, mit den gerösteten Zwiebeln überziehen und als Beilage, z. B. zu einem Braten, servieren.

Tip! Anstatt mit Zwiebeln kann man die Kartoffelnudeln auch süß servieren, mit heißer Butter übergießen und mit gemahlenem Mohn und Puderzucker bestreuen. Man kann sie auch mit in Butter gerösteten Semmelbröseln (Paniermehl) und Kompott essen.

Gundel-Palatschinken

Aus Ungarn · Braucht etwas Zeit

Gundel palacsinta

Zutaten für 8 Stück:
Für den Teig: *200 g Mehl · 2 Eier*
1 Prise Salz · 2 EL Puderzucker
200 ml Milch · 2 EL Speiseöl
etwa 200 ml Mineralwasser
Für die Füllung: *100 g Sahne*
2 EL Zucker · 2 cl Rum · 50 g Rosinen
50 g Zitronat, kleingehackt
100 g Walnußkerne, gehackt
Für die Sauce:
100 g Vollmilch-Schokolade
400 ml Milch · 100 g Zucker
Mark von 1 Vanilleschote
2 EL Kakaopulver · 1 EL Mehl
2 cl Rum · 1 ganz frisches Eigelb
8 TL Speiseöl zum Ausbacken

Zubereitungszeit: 2 Std.
Pro Stück: 2300 kJ/550 kcal

1 Für den Teig Mehl mit Eiern, Salz, Puderzucker, Milch und Öl verrühren. Soviel Mineralwasser dazugeben, daß ein dickflüssiger Teig entsteht. Zugedeckt etwa 20 Min. quellen lassen.

2 Für die Füllung inzwischen Sahne mit Zucker aufkochen, Rum unterrühren, Rosinen, Zitronat und Walnüsse dazugeben und so lange bei mittlerer Hitze köcheln lassen, bis eine dicke Masse entstanden ist. Für die Sauce Schokolade zerbröckeln und im Wasserbad schmelzen.

3 Die Hälfte der Milch mit der Hälfte des Zuckers aufkochen und Vanillemark hineingeben. Topf vom Herd nehmen. Kakao mit Mehl und restlichem Zucker in einem Topf verrühren. Restliche kalte Milch und geschmolzene Schokolade dazugeben. Dann die heiße Milch langsam dazufließen lassen und alles bei schwacher Hitze unter Rühren köcheln, bis die Sauce dickflüssig geworden ist. Vom Herd nehmen, Rum und Eigelb untermischen, warm halten.

4 Öl in einer Pfanne erhitzen, darin bei mittlerer Hitze nacheinander 8 Palatschinken backen. Die Nuß-Rosinen-Mischung darauf streichen und die Pfannkuchen einmal zur Hälfte zusammenklappen und dann nochmals so, daß ein Viertel entsteht. Auf vier Teller verteilen und mit der warmen Schokoladensauce übergießen, nach Belieben mit Puderzucker bestäuben.

Powidltascherln

Aus Tschechien · Braucht etwas Zeit

Povidlové-tašky

Zutaten für 4–6 Portionen:
1 kg Kartoffeln, mehligkochend
Salz
Mehl für die Arbeitsfläche
200–250 g Mehl
3 Eier
Für die Füllung:
150 g Powidl (Pflaumenmus)
Zum Bestreuen:
50 g Butter
50 g Semmelbrösel (Paniermehl)
1 EL Zimtpulver · 2 EL Zucker

Zubereitungszeit: 45 Min
(+ 30 Min. Garen)

Bei 6 Portionen pro Portion:
2000 kJ/480 kcal

1 Kartoffeln schälen, in einem Topf mit Salzwasser bedeckt bei mittlerer Hitze etwa 30 Min. garen. Abgießen und durch eine Kartoffelpresse direkt auf eine bemehlte Arbeitsfläche drücken. Erkalten lassen, dann die Kartoffelmasse mit Mehl, 2 Eiern und etwas Salz zu einem Teig verkneten.

2 Teig auf einer bemehlten Arbeitsfläche etwa ½ cm dick ausrollen und mit einem Glas Kreise von 8–10 cm Durchmesser ausstechen. In die Mitte jeweils 1 TL Pflaumenmus geben, etwas flachdrücken. Das restliche Ei verquirlen und die Teigränder damit bestreichen. Dann die Kreise zu Halbkreisen zusammenklappen und die Ränder gut andrücken.

3 In einem Topf reichlich Salzwasser zum Sieden bringen, Temperatur zurückschalten. Powidltascherln ins Wasser geben und offen bei mittlerer Hitze in etwa 10 Min. gar ziehen lassen.

4 Inzwischen Butter in einer Pfanne erhitzen, Semmelbrösel darin bei mittlerer Hitze anrösten.

5 Powidltascherln mit einer Schöpfkelle aus dem Salzwasser nehmen, auf einem Sieb abtropfen lassen, auf einer Platte anrichten und mit den gerösteten Semmelbröseln bestreuen. Zimt und Zucker vermischen und zu den Powidltascherln reichen.

BALKANLÄNDER

Als Balkanländer werden Rumänien, Bulgarien und die Länder des früheren Jugoslawien bezeichnet. In der rumänischen Küche wird bäuerlich-deftig und herzhaft gewürzt gegessen. Das vielfältige Gemüseangebot des Landes spiegelt sich in den vielen Gemüsegerichten, wie z. B. dem »Gemüseeintopf mit Kalbfleisch«, wider. Aus dem fischreichen Donau-Delta kommen die Süßwasserfische, die gerne als Suppen mit viel Knoblauch zubereitet werden. Die hervorragenden rumänischen Weine werden während der Weinlesezeit in kleinen Besenwirtschaften angeboten.

Die Bulgaren sind stolz auf ihre gesunde Ernährung. Deshalb spricht man auch von der bulgarischen Küche als der »Küche der Hundertjährigen«. Joghurt, Schafkäse, viel Knoblauch, Gemüse und Kräuter sind die Hauptzutaten vieler Gerichte. Der berühmte »Schopska-Salat« aus Paprika, Tomaten, Zwiebeln, Gurken und Schafkäse ist ebenso gesund wie wohlschmekkend. Neben den unterschiedlichsten Gemüsegerichten, wie z. B. »Bajaldö« (Auberginenauflauf), gibt es auch verschiedene Wildgerichte, die oft mit Gemüse kombiniert zubereitet werden. Dazu trinkt man einheimischen Rot- oder Weißwein und zum Abschluß »Grostova«, einen klaren Trester-schnaps.

So unterschiedlich wie die Landschaften und Menschen im früheren Jugoslawien sind auch ihre Küchen. Im Norden sind österreichisch-ungarische, im Süden mehr orientalische Einflüsse zu erkennen. Von der Adriaküste kommen köstliche Fische, die ganz einfach gegrillt werden. Fleischgerichte wie »Raznjići« (Fleischspießchen) und »Ćevapčići« (Hackfleischwürstchen) werden meist mit feingeschnittenen Zwiebeln und einer scharfen Sauce aus Paprika und Auberginen, »Ajvar«, serviert. Dazu trinkt man neben vorzüglichen Rot- und Weißweinen zum Abschluß einen »Slivowitz«, den berühmten Pflaumenschnaps.

Joghurt-Gurkensuppe

Aus Bulgarien · Erfrischend

Tarator

Zutaten für 4 Portionen:
2 Salatgurken (je etwa 500 g) · Salz
4 Scheiben Weißbrot
1/4 l Milch · 2 Knoblauchzehen
250 g Vollmilch-Joghurt
3 EL Olivenöl, kaltgepreßt
2 Bund Dill
weißer Pfeffer, frisch gemahlen
zum Servieren: Weißbrot

Zubereitungszeit: 1 Std.
(+ 1 Std. Kühlen)

Pro Portion: 770 kJ/180 kcal

1 Gurken schälen, in dünne Scheiben hobeln, auf einer Platte ausbreiten, mit 1/2 TL Salz bestreuen und etwa 30 Min. ziehen lassen.

2 Inzwischen von den Weißbrotscheiben die Rinde entfernen, Weißbrot etwa 5 Min. in Milch einweichen, dann herausnehmen und gut ausdrücken. Den Knoblauch schälen, kleinhacken und mit dem Weißbrot, dem Joghurt und dem Olivenöl im Mixer pürieren. Den Dill waschen, trockenschütteln, die Blättchen abzupfen und fein hacken.

3 Den Gurkensaft von den Gurken abgießen und die Gurken gut ausdrükken. Gurkenscheiben mit dem Joghurtpüree mischen und mit Salz und Pfeffer abschmecken. Zwei Drittel des Dills unterrühren und die Suppe mind. 1 Std. im Kühlschrank kalt stellen. Die Suppe vor dem Servieren noch mal gut durchrühren und mit dem restlichen Dill bestreuen und Weißbrot servieren.

Tip! Wenn Sie keinen bulgarischen Joghurt bekommen können, nehmen Sie griechischen mit 10% Fettgehalt.

Misch-Masch

Aus Bulgarien · Gelingt leicht

Paprika-Tomaten-Gemüse mit Schafkäse

Zutaten für 4 Portionen:
500 g rote, gelbe und grüne Paprikaschoten
500 g Fleischtomaten
1 große Zwiebel
2 EL Olivenöl
Salz
schwarzer Pfeffer, frisch gemahlen
1/2 Bund Petersilie
200 g weichen Schafkäse
3 ganz frische Eier
zum Servieren: Weißbrot

Zubereitungszeit: 50 Min.

Pro Portion: 1200 kJ/290 kcal

1 Paprikaschoten längs halbieren, Stielansätze, Kerne und Trennwände entfernen. Schoten waschen, vierteln und in schmale Streifen schneiden.

2 Tomaten mit kochendheißem Wasser überbrühen, häuten, Kerne und Stielansätze entfernen. Das Fruchtfleisch grob zerschneiden.

3 Zwiebel schälen und fein hacken. In einem Topf Öl erhitzen, die Zwiebel darin bei mittlerer Hitze andünsten, Paprika und Tomaten dazufügen, alles salzen, pfeffern und zugedeckt etwa 6 Min. bei schwacher Hitze dünsten.

4 Inzwischen die Petersilie waschen, trockenschütteln, Blättchen abzupfen, fein hacken und unter das Gemüse mischen. Den Schafkäse mit einer Gabel zerdrücken, die Eier verquirlen. Beides zum Gemüse geben und die Eier bei schwacher Hitze in 1–2 Min. stokken lassen. Falls nötig nachwürzen, mit Weißbrot servieren.

Wichtiger Hinweis: Bitte verwenden Sie nur ganz frische Eier von freilaufenden Hühner, um das Salmonellenrisiko zu verringern.

Getränk: Zu diesem Gericht schmeckt ein trockener bulgarischer Rotwein.

Tip! Das Gemüsegericht schmeckt auch kalt, besonders gut zu gegrilltem Fleisch. Sie können nach Belieben auch noch 100 g entkernte schwarze Oliven untermischen.

Gefüllter Blätterteig

Aus Bulgarien · Braucht etwas Zeit

Baniza

Zutaten für 4 Portionen,
für eine Auflaufform von 1 l Inhalt:
300 g Blätterteig (tiefgekühlt)
Salz
100 g Langkornreis
250 g weicher Schafkäse
4 Eier
2 Bund frische Minze
weißer Pfeffer, frisch gemahlen
Fett für die Form
50 g Butter

Zubereitungszeit: 45 Min.
(+ 30 Min. Backen)

Pro Portion: 3000 kJ/710 kcal

1 Den Backofen auf 200° vorheizen. Die Blätterteigplatten auftauen lassen.

2 Knapp 1/4 l Salzwasser in einem Topf zum Kochen bringen. Den Reis darin bei mittlerer Hitze etwa 15 Min. garen. Dann in ein Sieb gießen, abtropfen lassen und in eine Schüssel geben.

3 Schafkäse mit einer Gabel zerdrücken. Die Eier verquirlen. Minze waschen, trockenschütteln, Blättchen abzupfen und fein hacken. Käse, Eier und Minze unter den Reis mischen, mit Salz und Pfeffer würzen.

4 Auflaufform einfetten. Butter in einem kleinen Topf bei ganz schwacher Hitze zerlassen, aber nicht bräunen.

5 Die Blätterteigplatten ausrollen und in 4 gleichgroße Rechtecke in Größe der Form schneiden. Ein Rechteck in die Form legen, ein Drittel der Reismischung darauf verteilen und mit etwa einem Viertel der flüssigen Butter beträufeln. Dann wieder Blätterteig, ein Drittel der Reisfüllung und ein Viertel der Butter darauf verteilen. Noch einmal wiederholen und mit einer Blätterteigschicht abschließen. Die Oberfläche mit der restlichen Butter bestreichen und die Baniza im Backofen (Mitte; Umluft 180°) etwa 30 Min. backen.

Tip! Anstatt Reis können Sie auch 200 g in Streifen geschnittenen gekochten Schinken oder 500 g gedünsteten Spinat in die Füllung geben.

Gefüllte Zwiebeln

Aus Bosnien · Braucht etwas Zeit

Punjeni crn luk

Zutaten für 4 Portionen, für eine feuerfeste Form von 1 l Inhalt:

2 EL Rosinen
50 g Langkornreis
Salz
4 Gemüsezwiebeln (je etwa 300 g)
3 EL Olivenöl
250 g Lammhackfleisch
1 Bund glatte Petersilie
50 g Schafkäse
2 EL Pinienkerne
1 Ei
schwarzer Pfeffer, frisch gemahlen
1 Prise Nelken, gemahlen
1/8 l Fleischbrühe (selbstgemacht oder instant)

Zubereitungszeit: 50 Min. (+ 40 Min. Garen)

Pro Portion: 1200 kJ/290 kcal

1 Rosinen in Wasser einweichen. Den Reis in 1/4 l Salzwasser etwa 20 Min. bei mittlerer Hitze garen. Inzwischen die Gemüsezwiebeln schälen, einen Deckel abschneiden, aufbewahren und die Zwiebeln mit einem Messer so aushöhlen, daß rundherum eine etwa 1 cm dicke Schicht stehenbleibt.

2 Das Ausgehöhlte der Zwiebeln fein hacken, 2 EL Öl erhitzen, die Hälfte der feingehackten Zwiebeln darin bei mittlerer Hitze andünsten. Hackfleisch dazugeben und etwa 5 Min. mitbraten, beiseite stellen. Reichlich Salzwasser in einem breiten Topf zum Kochen bringen. Die ausgehöhlten Zwiebeln samt den Deckeln darin nebeneinander zugedeckt bei mittlerer Hitze etwa 5 Min. garen, vorsichtig herausnehmen und auf einem Sieb sehr gut abtropfen lassen. Petersilie waschen, trockentupfen, Blättchen abzupfen und fein hacken.

3 Backofen auf 180° vorheizen. Rosinen abgießen und gut trockentupfen. Schafkäse zerbröckeln.

4 Den Reis abgießen und etwas abkühlen lassen. Dann mit Hackfleisch, der Hälfte der Petersilie, den Pinienkernen, dem Ei, den Rosinen und dem Schafkäse in eine Schüssel geben. Mit Salz, Pfeffer und Nelkenpulver kräftig würzen, alles gut miteinander mischen und die Masse in die Zwiebeln füllen. Die Deckel darauf setzen.

5 Die feuerfeste Form mit dem restlichen Olivenöl auspinseln, die restlichen gehackten Zwiebeln hineinstreuen. Dann die gefüllten Zwiebeln in die Form setzen, Fleischbrühe angießen und die Zwiebeln zugedeckt im Backofen (Mitte; Umluft 160°) etwa 40 Min. garen.

NEAGRĂ
V.D.O.C.

Gemüsetopf mit Kalbfleisch

Aus Rumänien · Deftig

Ghiveci national

Zutaten für 6 Portionen:
150 g fetter Speck, ohne Schwarte
500 g Kartoffeln, mehligkochend
200 g Möhren
1 Stück Sellerieknolle (etwa 100 g)
1 mittelgroße Aubergine (etwa 200 g)
150 g grüne Bohnen
1 rote Paprikaschote
750 g Kalbsnacken, ohne Knochen
Salz
schwarzer Pfeffer, frisch gemahlen
2 EL Mehl
2 Zwiebeln
2 Knoblauchzehen
1 EL Speiseöl
3/8 l Fleischbrühe
(selbstgemacht oder instant)
1 EL Tomatenmark
1 Bund Petersilie
200 ml trockener Rotwein
1 TL Majoran, frisch oder getrocknet
250 g Tomaten
125 g grüne, möglichst kernlose Weintrauben
zum Garnieren: Majoranblättchen

Zubereitungszeit: 1 Std.
(+ 1 Std. Garen)

Pro Portion: 2200 kJ/520 kcal

1 Speck kleinwürfeln und bei schwacher Hitze in einer Pfanne auslassen. Ausgelassene Speckwürfel herausnehmen und beiseite stellen.

2 Kartoffeln, Möhren und Sellerie schälen, von den Auberginen, Bohnen und der Paprika Stielansätze entfernen. Paprika halbieren, Kerne und Trennwände entfernen. Gemüse waschen. Bohnen in kleine Stückchen, restliches Gemüse in Würfel von etwa 1 cm Kantenlänge schneiden.

3 Fleisch waschen, trockentupfen, in Würfel von 3–4 cm Kantenlänge schneiden, salzen und pfeffern. Mehl auf einen Teller geben, Fleischwürfel darin wenden.

4 Ausgelassenes Fett aus der Pfanne bis auf etwa 3 EL abgießen und beiseite stellen. Die Fleischwürfel in der Pfanne im restlichen Fett bei starker Hitze portionsweise 3–5 Min. anbraten, dann in einen großen Bräter geben.

5 Zwiebeln und Knoblauch schälen, in dünne Scheiben schneiden, Öl in das verbliebene Bratfett geben, Zwiebeln und Knoblauch darin bei mittlerer Hitze glasig dünsten. 1/8 l Fleischbrühe und Tomatenmark verrühren und über das Fleisch gießen. Zwiebeln und Knoblauch hinzufügen. Backofen auf 175° vorheizen.

6 Von dem beiseite gestellten Fett 4 EL in der Pfanne erhitzen. Das Gemüse darin kurz bei mittlerer Hitze in etwa 2 Min. leicht anbräunen, salzen, pfeffern und mit in den Bräter füllen. Petersilie waschen, trockenschütteln, Blättchen abzupfen, fein hacken und darüber streuen.

7 In einem kleinen Topf restliche Brühe, Rotwein, Majoran und 1 Prise Salz bei starker Hitze aufkochen und über das Gemüse gießen. Dann alles im Backofen (Mitte; Umluft 160°) zugedeckt etwa 45 Min. garen.

8 Inzwischen die Tomaten mit kochendheißem Wasser überbrühen, häuten, Stielansätze und Kerne entfernen und das Fruchtfleisch grob hacken. Weintrauben waschen, trockentupfen, mit den Tomaten unter den Eintopf mischen und weitere 15 Min. garen. Etwa 5 Min. vor Ende der Garzeit die beiseite gestellten Speckwürfel dazugeben. Dann den Eintopf abschmecken, falls nötig nachwürzen, mit Majoranblättchen garnieren und servieren.

Variante: Djuveč
(Jugoslawischer Eintopf)
Dieser Eintopf wird nach dem oben angegebenen Rezept, jedoch ohne Kartoffeln und Weintrauben, zubereitet. Statt dessen mischt man 150 g gegarten Reis unter das Gemüse, und anstelle des Kalbfleisches brät man 4 Schweine- oder 8 Lammkoteletts, die man auf dem Eintopf anrichtet.

Auberginenauflauf

Aus Bulgarien · Braucht etwas Zeit

Bajaldö

Zutaten für 4 Portionen, für eine Auflaufform von etwa 2 l Inhalt:
1 kg Auberginen
Saft von 2 Zitronen
Salz
3 mittelgroße Zwiebeln
500 g Fleischtomaten
1 Bund glatte Petersilie
2 Knoblauchzehen
5 EL Mehl
6 EL Olivenöl
Fett für die Form
schwarzer Pfeffer, frisch gemahlen
1/8 l trockener Weißwein
zum Servieren: Weißbrot

Zubereitungszeit: 1 Std. 20 Min. (+ 25 Min. Garen)

Pro Portion: 1200 kJ/290 kcal

1 Den Backofen auf 200° (Umluft 180°) vorheizen. Auberginen für etwa 15 Min. auf den Rost (Mitte) legen, dann herausnehmen. Die Backofentemperatur auf 180° (Umluft 160°) reduzieren. Auberginen etwas abkühlen lassen. Stielansätze entfernen, Auberginen in etwa 1 cm dicke Scheiben schneiden. Auf eine Platte legen, mit Zitronensaft beträufeln, salzen und etwa 20 Min. ziehen lassen.

2 Inzwischen die Zwiebeln schälen und kleinwürfeln. Tomaten mit kochendheißem Wasser überbrühen, häuten, Kerne und Stielansätze entfernen, Fruchtfleisch grob hacken. Petersilie waschen, trockenschütteln, Blättchen abzupfen und fein hacken. Knoblauch schälen.

3 Den ausgetretenen Saft von den Auberginen abgießen. Mehl auf einen Teller geben, Öl in einer Pfanne erhitzen. Auberginenscheiben zuerst in Mehl wenden und dann portionsweise in heißem Öl bei starker Hitze etwa 4 Min. braten, dabei einmal wenden.

4 Die Auflaufform einfetten. Auberginenscheiben dachziegelartig hineinlegen, salzen, pfeffern, mit Zwiebeln, Petersilie und Tomaten gleichmäßig bestreuen. Den Knoblauch durch eine Knoblauchpresse darüber drücken und den Auflauf mit dem Weißwein begießen. Im Backofen (Mitte) etwa 20–25 Min. garen, bis die Flüssigkeit nahezu ganz verdunstet ist. Sofort mit Weißbrot servieren.

Ente mit Weißkohl

Aus Rumänien · Aromatisch

Ratza à la Romania

Zutaten für 4 Portionen:
1/2 mittelgroßer Weißkohl (etwa 600 g)
1 Ente (etwa 1,9 kg), küchenfertig vorbereitet, vom Händler in 8 Portionsstücke teilen lassen · Salz
schwarzer Pfeffer, frisch gemahlen
125 g Speck, durchwachsen, ohne Schwarte
1 kleine Fenchelknolle (etwa 250 g)
4 Zwiebeln · 2 Knoblauchzehen
1 TL Thymian, frisch oder getrocknet
1/2 TL Salbei, frisch oder getrocknet
1/2 TL Majoran, frisch oder getrocknet
3/8 l Sauerkrautsaft
zum Garnieren: Majoranblättchen

Zubereitungszeit: 45 Min. (+ 1 1/2 Std. Garen)
Pro Portion: 4900 kJ/1200 kcal

1 Weißkohl putzen, waschen und in dünne Streifen schneiden. Ententeile abspülen, trockentupfen, salzen und pfeffern. Speck würfeln und in einem Bräter bei mittlerer Hitze knusprig ausbraten. Den Speck herausnehmen und auf Küchenpapier abtropfen lassen. Das ausgelassene Fett bis auf etwa 3 EL abgießen und beiseite stellen.

2 Ententeile in den 3 EL Fett von beiden Seiten bei starker Hitze in je etwa 3 Min. rundum anbraten. Herausnehmen und warm stellen. Backofen auf 225° vorheizen.

3 Das beiseite gestellte, ausgelassene Fett in den Bräter geben und den Kohl darin bei schwacher Hitze andünsten.

4 Den Fenchel waschen, trockentupfen, halbieren, in feine Streifen schneiden und dazugeben. Zwiebeln und Knoblauch schälen und grob zerkleinern. Mit Thymian, Salbei und Majoran unter den Weißkohl mischen. Den Sauerkraftsaft dazugießen und alles bei starker Hitze aufkochen.

5 Die Entenstücke auf den Kohl legen und mit den Speckwürfeln bestreuen. Zugedeckt im Backofen (unten; Umluft 200°) etwa 15 Min. garen. Dann die Hitze auf 160° (Umluft 140°) reduzieren und die Ente noch etwa 1 1/4 Std. weiterschmoren. Falls nötig, vor dem Servieren das Fett abschöpfen und die Ente mit dem Weißkohl auf einer vorgewärmten Platte anrichten. Nach Belieben mit Majoranblättchen garnieren.

Raznjići

Aus Serbien · Gelingt leicht

Fleischspießchen

Zutaten für 4 Portionen:
300 g Schweinefilet
300 g Lammfleisch (aus der Schulter)
100 g Speck, durchwachsen, ohne Schwarte
je 1 rote und grüne Paprikaschote
1 kleine Gemüsezwiebel
2 Knoblauchzehen · 2 EL Speiseöl
Salz
schwarzer Pfeffer, frisch gemahlen
3 EL Speiseöl zum Braten
außerdem: 8 (Holz-)Spieße

Zubereitungszeit: 45 Min.

Pro Portion: 1800 kJ/430 kcal

1 Fleisch waschen, trockentupfen und in Würfel von etwa 2 cm Kantenlänge schneiden. Speck in dünne Scheiben schneiden. Elektro- oder Holzkohlegrill vor- bzw. aufheizen.

2 Paprikaschoten waschen, halbieren, Kerne, Stielansatz und Trennwände entfernen. Schoten in Würfel von ebenfalls etwa 2 cm Kantenlänge schneiden. Zwiebel schälen, achteln, in die einzelnen Schichten teilen.

3 Fleisch, Speck, Zwiebel und Paprika abwechselnd auf 8 Spieße stecken. Knoblauch häuten, durch eine Knoblauchpresse drücken, mit dem Öl mischen und die Spieße damit bestreichen. Alles salzen, pfeffern, auf den Grillrost des Elektro- bzw. Holzkohlegrills legen und 15–20 Min. grillen oder bei mittlerer Hitze mit Öl in einer Pfanne braten, dabei öfters wenden.

Beilagen-Tip: Serbischer Kaviar (Srpski Ajvar): Je 2 grüne und rote Paprikaschoten und 2 kleine Auberginen waschen und bei 200° für 20 Min. auf den Rost in den Backofen (Mitte; Umluft 180°) legen. Inzwischen 1 große Zwiebel schälen und fein hacken, 2 Knoblauchzehen häuten. Paprika und Auberginen aus dem Ofen nehmen, etwas abkühlen lassen. Paprika häuten, Kerne und Trennwände entfernen. Auberginen längs halbieren und Fruchtfleisch aus der Schale lösen. Auberginenfruchtfleisch mit Paprikaschoten fein hacken oder pürieren, dann mit der Zwiebel in eine Schüssel geben. Knoblauch durch eine Knoblauchpresse dazudrücken. Alles mit 2 EL Essig, 3 EL Olivenöl, Salz, Pfeffer, 1 Prise Paprika, rosenscharf und 1/2 TL Zucker würzen, gut vermischen und etwa 1 Std. ziehen lassen. Ajvar wird zu Raznjići und Ćevapčići gegessen.

Ćevapčići

Aus Serbien · Gelingt leicht

Hackfleischwürstchen

Zutaten für 4 Portionen:
2 Knoblauchzehen
1 mittelgroße Zwiebel
1 EL Schmalz
400 g Rinderhackfleisch
400 g Lammhackfleisch · 1 Ei · Salz
schwarzer Pfeffer, frisch gemahlen
2 TL Paprikapulver, edelsüß
Lorbeerblätter · 3 EL Speiseöl
außerdem: Holzspieße

Zubereitungszeit: 45 Min.
Pro Portion: 1900 kJ/450 kcal

1 Knoblauch und Zwiebel schälen, fein hacken. Schmalz in einer Pfanne erhitzen. Knoblauch und Zwiebel darin bei mittlerer Hitze weich dünsten.

2 Das Hackfleisch mit der Zwiebel-Knoblauch-Mischung und dem Ei in eine Schüssel geben. Kräftig mit Salz, Pfeffer und Paprika würzen und alles gut durchkneten. Elektro- oder Holzkohlegrill vor- bzw. aufheizen.

3 Aus dem Hackfleisch mit angefeuchteten Händen etwa daumengroße Würstchen formen. Je 1 Würstchen mit 1 Lorbeerblatt quer auf Spießchen stecken. Ćevapčići auf den Grillrost des Elektro- oder Holzkohlegrills legen und etwa 15 Min. grillen oder bei mittlerer Hitze mit Öl in einer Pfanne braten, dabei öfters wenden. Mit Serbischem Kaviar (siehe Beilagen-Tip oben) und in Ringe geschnittenen rohen roten Zwiebeln servieren.

Teigtaschen mit Lammsauce

Aus Slowenien · Braucht etwas Zeit

Zlinkrofi mit Bakalca

Zutaten für 4 Portionen:
Für den Teig:
250 g Mehl
2 Eier
Salz
Mehl für die Arbeitsfläche

Für die Füllung:
250 g Kartoffeln, mehligkochend
1 kleine Zwiebel
50 g Schinken, geräuchert, ohne Schwarte
1 EL Speiseöl
1 Bund Schnittlauch
1/2 TL Majoran, getrocknet
schwarzer Pfeffer, frisch gemahlen

Für die Sauce:
600 g Lammfleisch (aus der Schulter)
1 große Zwiebel
1 große Möhre (etwa 100 g)
2 EL Speiseöl
1/4 l Fleischbrühe (selbstgemacht oder instant)
1 Lorbeerblatt
1 TL Thymian, getrocknet
3–5 EL Rotweinessig nach Geschmack
1 TL Speisestärke

Zubereitungszeit: 1 3/4 Std. (+ 20 Min. Schmoren)

Pro Portion: 3300 kJ/790 kcal

1 Für den Teig Mehl, Eier, 1 Prise Salz und 100 ml Wasser verkneten. Eine Kugel formen, mit Mehl bestäuben und zugedeckt etwa 30 Min. ruhen lassen. Für die Füllung die Kartoffeln waschen und in einem Topf knapp mit Wasser bedeckt in etwa 30 Min. bei mittlerer Hitze fertiggaren.

2 Inzwischen die Zwiebel schälen und fein hacken. Den Schinken in kleine Würfel schneiden. Das Öl in einem Topf erhitzen und die Zwiebel darin bei mittlerer Hitze weich dünsten. Den Schinken untermischen.

3 Die Kartoffeln abgießen, etwas abkühlen lassen, pellen und durch die Kartoffelpresse zum Zwiebel-Schinken-Gemisch drücken. Schnittlauch waschen, trockenschütteln, kleinschneiden, etwa 1 EL davon beiseite stellen. Rest mit dem Majoran zum Kartoffelbrei geben und alles gut vermengen. Salzen, pfeffern, beiseite stellen.

4 Für die Sauce das Lammfleisch in sehr kleine Würfel schneiden. Zwiebel schälen und fein hacken. Möhre schälen und fein raspeln.

5 Öl in einer großen Pfanne erhitzen. Das Fleisch darin portionsweise bei starker Hitze anbraten, herausnehmen. Dann das Fleisch wieder in die Pfanne geben, Zwiebel und Möhre hinzufügen und alles etwa 5 Min. bei mittlerer Hitze dünsten. Mit der Fleischbrühe ablöschen, salzen, pfeffern, Lorbeer und Thymian sowie den Essig unterrühren. Zugedeckt alles bei schwacher Hitze etwa 20 Min. schmoren.

6 Speisestärke mit etwas kaltem Wasser glattrühren. In die Sauce geben, aufkochen, etwa 3 Min. bei mittlerer Hitze kochen lassen, abschmecken, bei schwächster Hitze warm halten.

7 Den Nudelteig auf einer bemehlten Arbeitsfläche so dünn wie möglich ausrollen. Teig mit einem Teigrädchen oder einem Messer in Quadrate von etwa 5 x 5 cm teilen.

8 Jeweils in die Mitte ein Häufchen der Kartoffelfüllung setzen. Quadrate über der Füllung diagonal zusammenklappen, Ränder festdrücken. Reichlich Salzwasser zum Kochen bringen. Teigtaschen portionsweise im siedenden Wasser in etwa 5 Min. gar ziehen lassen, bis sie an der Oberfläche schwimmen. Mit einem Schaumlöffel herausnehmen und warm stellen. Wenn alle Teigtaschen fertig sind, auf warmen Tellern anrichten und mit der Lammfleischsauce übergießen und dem beiseite gestellten Schnittlauch garnieren.

Halwa

Aus Bulgarien · Geht schnell

Grießschnitten

Zutaten für 4 Portionen, für eine Form von 1 l Inhalt:
100 g Butter · 200 g Grieß
200 g Zucker · 100 g Honig
50 g Haselnüsse oder Mandeln, gemahlen
Zum Garnieren: Zitronenspalten, gehobelte Haselnüsse und Honig

Zubereitungszeit: 30 Min. (+ 15 Min. Abkühlen lassen)

Pro Portion: 3000 kJ/710 kcal

1 Butter in einer Pfanne bei mittlerer Hitze zerlassen, Grieß dazugeben und unter ständigem Rühren goldgelb rösten. Dann vom Herd nehmen.

2 In einem Topf $^{3}/_{8}$ l Wasser mit dem Zucker und dem Honig bei mittlerer Hitze aufkochen, Temperatur herunterschalten und so lange bei schwacher Hitze köcheln, bis ein zähflüssiger Sirup entstanden ist. Dann den Sirup unter den Grieß rühren und unter Rühren weiterköcheln, bis die Masse fest wird.

3 Die Nüsse oder Mandeln in einer beschichteten Pfanne ohne Fett unter Rühren bei mittlerer Hitze leicht anrösten und unter die Grießmasse mischen.

4 Die Form mit kaltem Wasser ausspülen, den Grieß einfüllen und darin in etwa 15 Min. vollständig abkühlen lassen. Halwa auf eine Platte stürzen und in Portionsstücke schneiden. Mit Zitronenspalten, Haselnüssen und Honig garnieren. Halwa schmeckt sehr gut zu einem türkischen Mokka.

Mohnstrudel

Aus Slowenien · Braucht etwas Zeit

Potica

Zutaten für 6 Portionen:
Für den Teig:
300 g Mehl
$^{1}/_{2}$ Würfel Hefe (etwa 20 g)
100 ml warme Milch
3 EL Zucker · 1 EL Speiseöl · 1 Ei
1 Prise Salz
1 EL abgeriebene Schale von 1 unbehandelten Zitrone
Mehl für die Arbeitsfläche
Fett für das Blech
1 Eigelb zum Bestreichen
Für die Füllung:
50 g Rosinen
120 g Mohn, frisch gemahlen
$^{1}/_{8}$ l Milch · 50 g Butter
60 g Haselnüsse, fein gemahlen
50 g Zucker

Zubereitungszeit: 1 Std. (+ 35 Min. Gehen lassen + 50 Min. Backen)

Pro Portion: 2300 kJ/550 kcal

1 Das Mehl in eine Schüssel sieben und in die Mitte eine Mulde drücken. Hefe zerbröckeln, mit der Hälfte der warmen Milch und 1 EL Zucker verrühren, in die Mulde geben und etwa 20 Min. zugedeckt an einem warmen Ort gehen lassen.

2 Dann restliche Milch, das Öl, Ei, Salz, den restlichen Zucker und die Zitronenschale dazugeben, alles zu einem geschmeidigen Teig verarbeiten und weitere 30 Min. gehen lassen. Backofen auf 180° vorheizen.

3 Inzwischen für die Füllung Rosinen waschen und trockentupfen. Dann den Mohn in eine Schüssel geben, die Milch zum Kochen bringen und den Mohn damit übergießen. Butter bei schwacher Hitze schmelzen lassen, mit den Haselnüssen, den Rosinen und dem Zucker unter den Mohn rühren und alles etwa 15 Min. quellen lassen.

4 Den Teig auf einer bemehlten Arbeitsfläche etwa $^{1}/_{2}$ cm dick zu einem großen Rechteck ausrollen, die Mohnfüllung darauf verstreichen und dabei rundum einen Rand frei lassen. Den Teig von der breiten Seite her aufrollen, die Ränder gut zusammendrücken und den Strudel nochmal 15 Min. zugedeckt an einem warmen Ort gehen lassen.

5 Das Backblech einfetten, den Strudel darauf legen, Eigelb verquirlen und den Strudel damit bestreichen. Im Backofen (Mitte; Umluft 160°) etwa 50 Min. backen. Falls die Oberfläche zu dunkel wird, mit Alufolie abdecken.

Tip! Wenn Sie keine Mohnmühle haben, den Mohn im Reformhaus kaufen und dort gleich mahlen lassen.

Typische Menüzusammenstellungen

Skandinavien

Freunden und Bekannten stehen die Türen in Skandinavien immer offen, und man versucht, seinen Gästen das Beste zu bieten. Die berühmte skandinavische Gemütlichkeit läßt ein Gefühl von Wärme und Wohlbefinden entstehen. Man feiert gern und versäumt keine Gelegenheit dazu. Alle skandinavischen Gerichte harmonieren gut miteinander und können auf den Buffets und zu Menüs zusammengestellt werden.

Skandinavisches Buffet:

Dieses Buffet ist eine in ganz Skandinavien verbreitete Tradition, die in den einzelnen Ländern leicht variiert. Grundsätzlich findet der Gast auf den dekorativ und üppig gedeckten Tischen folgende Köstlichkeiten:

Lasimestarin silli · Glasmeisterhering 28 (mit kleinen Salzkartoffeln)*
Leverpostej · Dänische Leberpastete 32
Köttbullar · Fleischbällchen 34
Janssons frestelse · Janssons Versuchung 27
Gravad Lax · Lachs mit Senf-Dillsauce 29 dazu frische oder eingemachte Gurken, gemischter Salat, Rote-Bete-Salat, Knäkkebrot, Roggenbrot, Schwarzbrot und Butter*
Rommevafler · Rahmwaffeln 38
und Kaffee*

Das »Weihnachtliche Smörgåsbord« in Schweden hat in etwa die gleiche Zusammenstellung wie das Skandinavische Buffet, wird aber noch durch einen Weihnachtsschinken, »Julskinka« (S. 34, Variante), ergänzt. Zum Dessert reicht man unterschiedliches Gebäck und Kuchen.

Kleiner Mittagsimbiß oder Abendessen:

Rekesuppe · Krabbensuppe 26
Rommevafler · Rahmwaffeln 38

Köttbullar · Fleischbällchen 34 (mit Pellkartoffeln oder Salzkartoffeln und grünem Salat)*
Luumukermahyytelö · Pflaumencreme 38

Janssons frestelse · Janssons Versuchung 27
Frische Waldbeeren mit dicker Sahne*

Fiskepudding · Fischpudding 31
Toril Bös Mandel Kake · Mandelkuchen 40

Leverpostej · Dänische Leberpastete 32
Rødstæte · Schollenfilets mit Krabben 31
Rødgrød med fløde · Rote Grütze mit Sahne 38

Menüs für Gäste:

Gravad Lax · Lachs mit Senf-Dillsauce 29
Dillkött · Kalbfleisch in Dillsauce (mit Reis oder Salzkartoffeln) 37
Vanilleeis mit frischen Beeren*

Lasimestarin silli · Glasmeisterhering 28 (mit Brot und Butter)*
Karjalanpaisti · Karelischer Fleischtopf 37
Käseplatte (gemischt)*
Rahkapiirakka · Quarkkuchen 41

Krebsfest:

Ab Ende Juli, spätestens Anfang August, werden in Schweden, Norwegen und Finnland »Krebsfeste« gefeiert. Vom 21. Juli an darf man Flußkrebse, die mindestens 10 cm lang sind, fangen. An langen Tafeln, die mit Feldblumensträußen und manchmal mit Dill dekoriert sind, feiert man im Freundeskreis. Es gibt jede Menge Krebse, die im Dillsud gekocht wurden. Man rechnet bis zu 16 Stück pro Person. Zu den Krebsen werden Brot und Butter gereicht und jede Menge eisgekühlter Wodka und Bier getrunken.

Großbritannien und Irland

In Großbritannien beginnt der Tag mit einer Tasse »Early-Morning-Tea«. Das »English Breakfast« (englische Frühstück) ist sehr üppig und besteht meist aus gegrillten »Sausages« (Würstchen), »Kippers« (Bratheringen), unterschiedlichen Eier-Zubereitungen, wie z. B. »Ham and Eggs«, Toast, der typischen leicht bitteren Orangenmarmelade und jeder Menge Tee.

Lunch:

Mittags zum »Lunch« nimmt man nur ein kleines Gericht zu Hause oder in einem Restaurant zu sich, wie z. B. die folgenden Gerichte:

Geräucherter Lachs mit Brot und Butter*
Cock-a-Leekie · Lauchsuppe mit Huhn 44

Stilton Soup · Stiltonsuppe 44
Gooseberry Fool · Stachelbeercreme 55

Kleiner gemischter Salat*
Welsh Rarebits · Überbackene Käseschnitten 46

Steak and Kidney Pie · Rindfleisch-Nieren-Pastete 52
Cheddar-Käse, frisches Brot und Mixed Pickles*

Tea-Time:

Der »Five-o'clock-tea« wird in der Regel zwischen 16 und 17 Uhr in einer der zahlreichen Teestuben (Tea Rooms) oder in den großen Hotels zelebriert. Neben dem mit Sorgfalt zubereiteten Tee kann man wählen zwischen:
Sandwiches, herzhaft belegt*
Apple Pie · Apfelkuchen 55
Fruitcake · Früchtekuchen 58
Scones · Teebrötchen (mit Butter, Schlagsahne und Marmelade bestrichen) 56
Shortbread · Mürbeteigplätzchen 58

Dinner:

Räucherfisch mit Toast und Butter*
Stilton Soup · Stiltonsuppe 44
Roastbeef · Rinderlende mit Yorkshire Pudding 50
verschiedene britische Käse-Sorten*
Apple Pie · Apfelkuchen 55

Benelux-Länder

Holland

Eine Besonderheit der holländischen Küche ist die »Koffietafel« am Nachmittag. Es werden
Brötchen*
Korinthenbrot*
Wurst- und Schinkenaufschnitt*
verschiedene Käsesorten*
Kaaskroketten · Käsekroketten 74
Spekpannekoeken · Speckpfannkuchen 75
Harengsla · Matjessalat 67
Süßes Gebäck und Kuchen*
aufgetischt. Dazu gehört das »Kopje Koffie«, das Täßchen Kaffee, und natürlich »Genever«, der holländische Nationalschnaps. Die Hauptmahlzeit abends ist meistens ziemlich deftig.

Menüs:

Kopfsalat mit Zitronensauce, Tomaten und hartgekochten Eiern*
Hutspot met Klapstuk · Gemüse mit Rinderlende 76
Birnen in Johannisbeersaft gedünstet*

Tomatensalat mit Mayonnaisensauce*
Bruine Bonen mat Spek · Braune Bohnen mit Speck 70
Apfelmus mit Honig*

Belgien

Die belgische Küche ist zum einen von der derberen niederländischen, zum anderen von der französischen Küche beeinflußt. Nationalgetränk ist in Belgien Bier, wovon es viele verschiedene Sorten gibt.

Menüs:

Potage aux laitues · Kopfsalatsuppe 62
Moules à l'anversoise · Muscheln im Kräutersud 69
Tarte au sucre · Zuckerkuchen 78

Brunnenkressesalat*
Chicorée auf flämische Art · Überbackener Chicorée 73
Brüsseler Waffeln*

Gedünsteter Spargel mit dünn geschnittenem Ardennenschinken*
Waterzooi mit Poularde · Flämischer Hühnereintopf 64
Smoutebollen · Krapfen 79

Luxemburg

Hier wird der Küchenzettel von herzhaft-deftigen Gerichten bestimmt.

Menüs:

Bouneschlupp · Grüne Bohnensuppe 63
Feierstengszalot · Rindfleischsalat 68
Zwetschgentorte (abgewandelt von Apple Pie, S. 55)*

Rindfleischsuppe*
Prince-Orloff-Braten · Gefüllter Kalbsbraten 76
Obstsalat mit Vanilleeis*

Gequellte Grompere mat Porettenzapp · Kartoffeln mit Lauchsauce 70
Milchreis mit Kompott*

Schweiz

Die Schweizer Küche ist durch den Einfluß der italienischen und französischen Küche sehr abwechslungsreich. Die zentrale Zutat in der Urschweizer Küche ist der Käse.

Menüs:

Gemischter Salat*
Fondue Neuchâtel · Käsefondue 90
Frisches Obst*

Käsesuppe*
Bölleflade · Zwiebelwähe 85
Gefüllte Äpfel*

Filets de pèrches · Eglifilets in Weißweinsauce 82
Züri Gschnätzlets mit Rösti · Zürcher Geschnetzeltes 88
Rüblitorte · Möhrentorte 93 und Kaffee*

Sauerampfersuppe*
Ofenguck · Kartoffelauflauf 86
Rhabarberkompott*

Löwenzahnsalat mit Speck*
Gemüsepizockel · Gemüsegericht mit Käse 85
Erdbeeren*

Minestrone*
Coniglio alle Ficinese · Tessiner Kaninchenragout 87
Engadiner Nußtorte · Mürbeteigtorte mit Nußfüllung 93

Rußland und Ukraine

Hier ißt man deftig und üppig und beginnt mit »Sakuski«, den typischen Vorspeisen, die ebenso wichtig sind wie das restliche Menü. Als Getränk serviert man »Kwaß«, ein schäumend süß-saures Getränk von roter Farbe, aber auch Bier, Wein, Fruchtsäfte, Mineralwasser, »Tschai«, den berühmten russischen Tee aus dem Samowar, und natürlich Wodka, das Nationalgetränk.

Zu einem typisch russischen Sakuski-Buffet gehören:
Blini · Buchweizenpfannkuchen mit Kaviar und Sauerrahm 96
Piroschki · Kleine gefüllte Teigtaschen 99
Bitotschki · Süß-saure Hackfleischbällchen 98
gefüllte Eier*, sauer eingelegtes Gemüse*, Lachs*, Wurst und Schinken*

Menüs:

Blini · Buchweizenpfannkuchen (mit Kaviar und Sauerrahm) 96
Bœuf Stroganov · Rindergeschnetzeltes 103
Pasha · Quarkspeise 104

Soljanka · Fleisch-Gemüse-Eintopf 101
Bitotschki · Süß-saure Hackfleischbällchen 98
Kirschbabka · Kirschauflauf 104

Piroschki · Kleine gefüllte Teigtaschen 99

Borschtsch po Kievski · Rote-Bete-Eintopf aus Kiew 101
Marinierte Weintrauben*

Ungarn
Die Ungarn kochen bürgerlich-bäuerlich und verwenden Paprika in ihren Gerichten als Gemüse und Gewürz.

Menüs:
Halászlé · Fischsuppe 111
Borjupörkölt · Kalbspörkölt 114
Gundel palacsinta · Gundel-Palatschinken 120

Bográcsgulyás · Kesselgulasch 108
Schweinepörkölt* (abgewandelt aus Kalbspörkölt)
Quarkklöße mit Kompott*

Nudelsuppe mit Huhn*
Fogasszelet · Zanderfilet auf Füreder Art 111
Lecsó · Paprika-Tomaten-Gemüse 114
Gundel palacsinta · Gundel-Palatschinken 120

Polen
Die polnische Küche ist eine Mischung der Eßkultur des Balkans, Alt-Österreichs und Rußlands. Die Nationalgetränke sind Wodka und Met, ein würziges Honigbier.

Menüs:
Rote-Bete-Suppe*
Polskie karpy · Polnischer Karpfen 112
Kaffee mit Kuchen und Dessertlikör »Nalewki«*

Brotsuppe*
Bigosch · Krautfleisch 113
Heidelbeer-Pfannkuchen*

Tschechien und Slowakai
Zu den deftigen Gerichten der Küche dieser beiden Länder trinkt man natürlich Bier. Berühmt und in aller Welt beliebt sind das »Pilsner Urquell« und das »Budweiser«.

Menüs:
Geröstetes Bauernbrot mit Knoblauch und pürierter Geflügelleber bestrichen*
Husí ragout · Gänseragout (mit Rotkohl und Knödeln) 117
Povidlové-tašky · Powidltascherln 120

Süß-saurer Gurkensalat*
Svicková · Rindfleisch in Sahnesauce (und Böhmische Knödel) 118
Skubanken · Kartoffelnudeln (mit heißer Butter und Mohn) 119

Balkanländer
Einfach-bäuerliche, orientalische, aber auch österreichisch-ungarische Einflüsse sind in den Küchen aller Balkanländer zu erkennen. So lassen sich die Gerichte, auch wenn sie aus verschiedenen Ländern dieser Region stammen, wunderbar zu Menüs zusammenstellen.

Menüs:
Bajaldö · Auberginenauflauf 130
Raznjići · Fleischspießchen 132
Obstsalat*

Misch-Masch · Paprika-Tomaten-Gemüse mit Schafskäse 124
Ćevapčići · Hackfleischwürstchen 132
Srpski Ajvar · Serbischer Kaviar (Beilagen-Tip) 132
Gedünstete Feigen*

Paprikasalat*
Zlinkrofi mit Bakalca · Teigtaschen mit Lammsauce 135
Potica · Mohnstrudel 136 mit Kaffee

Tarator · Joghurt-Gurkensuppe 124
Punjeni crn luk · Gefüllte Zwiebeln 127
Halwa · Grießschnitten 136

* Diese Gerichte sind im Buch nicht als Rezept aufgeführt, Sie können sie aber ganz leicht herstellen.

Glossar

Ale: (engl.) Obergäriges Bier, als dunkles oder helles Bier erhältlich. Aus Newcastle kommt das berühmteste braune Ale, es ist im ganzen Land sehr beliebt, wird in Pubs ausgeschenkt, aber auch in Dosen und Flaschen verkauft.

Aquavit: (dän.) Aqua vitae = Lebenswasser, Destillat aus Kümmel- und Dillsamen, dänisches Nationalgetränk mit mindestens 38 % Alkohol.

Ardenner Schinken: (belg.) Feingeräucherter Schinken aus den Ardennen im Süden Belgiens, »Jambon d'Ardenne«.

Baráck Pálinka: (ung.) Ungarischer Aprikosengeist mit mindestens 40% Alkohol.

Borrel: (holl.) Niederländischer Brauch, man trifft sich gegen 18 Uhr vor dem Abendessen beim »Borrel« (Schnäpschen), d. h. man trinkt einen Genever, ißt dazu Heringshäppchen, Käsewürfel und Bitterballen, das sind kleine Fleischklößchen.

Cheddar: (engl.) Hartkäse aus der Provinz Somerset, er ist zylinderförmig und reift etwa 3–5 Monate.

Cherry heering: (dän.) Berühmter Kopenhagener Kirschlikör mit 25% Alkohol. Wird als Dessertlikör zum Mixen verwendet oder auch gerne über Obst und Eis gegeben.

Chicorée: S. 73

Christmas Pudding: (engl.) Englische Weihnachtsspezialität, Pudding aus geriebenem Weißbrot, Rindernierenfett, Trockenfrüchten und Gewürzen, wird im Wasserbad gegart und vor dem Servieren flambiert. Dazu gibt es eine Brandy-Sauce.

Cider: (engl.) Apfelwein mit bis zu 8 % Alkohol.

Clotted Cream: (engl.) Sicherlich das berühmteste Erzeugnis des West Country (des Südwesten Englands), eine dickcremige Sahne, die zum Tee mit Scones und Marmelade gereicht wird.

Custard: (engl.) Dicke cremige Vanillesauce, die lauwarm oder kalt zu »Apple Pie« (Apfelkuchen) gegessen wird.

Drambuie: (engl.) Berühmter Likör aus schottischem Whisky mit Honig und Kräutern.

Edamer Käse: (holl.) Kugelförmiger Käse in roter Paraffinhülle aus der Stadt Edam.

Egli: (schweiz.) Egli ist die Schweizer Bezeichnung für Barsch. Dieser Süßwasserfisch kommt hauptsächlich in Seen vor.

Emmentaler: (schweiz.) Hartkäse aus einer Landschaft des Kantons Bern.

Fish and Chips: (engl.) Fisch und Pommes frites wird im ganzen Land angeboten und in den typischen Fish-and-Chips-Läden verkauft.

Fogas: (ung.) Zander, Name für den Plattensee-Zander, der auf verschiedene Arten zubereitet wird.

Genever: (holl.) Holländischer Wacholderbranntwein (38 Vol. %) mit starkem Kornaroma. Er wird als junger und alter Genever angeboten.

Gewürzpaprika: S. 108

Gin: (engl.) Wacholderbranntwein mit Kräutern, ursprünglich irisch.

Glögg: (schwed.) Heißer Punsch aus Wein, Wermut und Gewürzen.

Gloucesterkäse: (engl.) Käse aus der südwestenglischen Grafschaft Gloucester.

Gouda: (holl.) Käse aus der holländischen Stadt Gouda.

Greyerzer: (schweiz.) Aromatischer Hartkäse (Gruyère).

Grompere: (lux.) Luxemburgische Bezeichnung für Kartoffel.

Guinness: (engl.) Würziges, dunkles Bier aus Irland.

Gundel: (ung.) Traditionsreiches Restaurant in Budapest, das um die Jahrhundertwende vom Vater der ungarischen Gastronomie, Károly Gundel, gegründet wurde.

Irish Coffee: (engl.) Berühmtes Getränk mit Irischem Whiskey: In ein angewärmtes Irish-Coffee-Glas gibt man einen kräftigen Schuß Whiskey, der mit starkem, heißem Kaffee aufgefüllt wird. Dazu kommt brauner Zucker und eine Haube aus halbsteif geschlagener Sahne, die sich mit dem Kaffee vermischen darf.

Irish Whiskey: (engl.) In Irland wird die Gerste für die Whiskeyherstellung nicht wie in Schottland über Torffeuer gedarrt (getrocknet). Das Destillat wird dreimal gebrannt, wodurch es reiner wird.

Karbonaden: (belg.) Gebratene Rindfleischscheiben mit Zwiebeln und Biersauce.

Kaviar: S. 96

Kippers: (engl.) Gepökelter, geräucherter Hering, gibt es in England zum Frühstück.

Knäckebrot: (schwed.) Dünnes getrocknetes Brot, wovon es in Schweden mindestens 20 Varianten gibt, typisch schwedische Spezialität.

Liwanzen: (tschech.) Kleine Hefepfannkuchen, die mit Pflaumenmus, Zimt und Zucker gegessen werden.

Matjes: S. 67

Muffins: (engl.) Kleines Hefegebäck zum Frühstück und zum Tee.

Multbeeren: (finn.) Typisch finnische Beerensorte, schmecken herb, wie Preiselbeeren.

Pilsner: (tschech.) Weltberühmtes untergäriges Bier aus der Stadt Pilsen in Tschechien (Pilsner Urquell).

Plundergebäck: (dän.) Typisches Hefeteiggebäck.

Plumpudding: → Christmas Pudding

Pogatschen: (ung.) Salzige Krapfen aus Hefe-Blätterteig.

Powidl: (tschech.) Pflaumenmus.

Prager Schinken: (tschech.) Zartgeräucherter Schinken, der gerne für Schinken in Brotteig verwendet wird.

Raclette: (schweiz.) Käse, der geschmolzen mit Pellkartoffeln und kleinen Gewürzgurken gegessen wird.

Sakuski: (russ.) Gemischte Vorspeisen, dazu zählen Lachs, Kaviar, marinierte Pilze, Fischpasteten, Gemüse, Salate.

Schottischer Whisky: (engl.) Unverkennbar durch seinen typisch rauchigen Geschmack, der durch das Darren (Trocknen) der Gerste über Torffeuer entsteht.

Schweizer Käse: S. 91

Slivowitz: (jugos.) Branntwein aus Zwetschgen, mit einem hohen Alkoholgehalt.

Smørrebrød: S. 33

Tarhonya: (ung.) Eiergraupen aus Mehl und Eiern, den Spätzle ähnlich.

Tea-Time: S. 57

Tokajer: (ung.) Berühmter Wein aus den vulkanischen Berghängen in Nord-Ungarn, wird erst sehr spät mit Edelschimmel geerntet und hat deshalb einen hohen Alkohol- und Zuckergehalt.

Tschai: (russ.) Tee.

Wähe: (schweiz.) Bezeichnung für belegte Kuchen, süß oder herzhaft.

Witloof: (belg.) Chicorée, S. 73

Wodka: Branntwein aus Kartoffeln oder Korn, Nationalgetränk in Rußland, Polen, Finnland und Schweden. Dort ist er neuerdings auch mit Cassis-(Johannisbeer-)Aroma, Zitronen- oder Pfeffergeschmack erhältlich.

Worcestershiresauce: (engl.) Würzsauce für Suppen, Fleisch- und Fischgerichte.

Die Temperaturstufen bei Gasherden
variieren von Hersteller zu Hersteller. Welche Stufe Ihres Herdes der jeweils angegebenen Temperatur entspricht, entnehmen Sie bitte der Gebrauchsanweisung.

Abkürzungen:
TL = Teelöffel
EL = Eßlöffel
mind. = mindestens
Msp. = Messerspitze
kJ = Kilojoule
kcal = Kilokalorie

Rezept- und Sachregister

Umschlag-Vorderseite: Das Bild zeigt ein Kalbsgulasch (S. 114) mit rotem und gelbem Paprika geschmort und mit ungarischen Spätzle serviert. Die Bilder ohne Bildunterschrift zeigen: Die Fotos auf S. 4/5 von links nach rechts im Uhrzeigersinn: Eine Blumenverkäuferin auf einem Markt in Budapest, Ungarn (Bild 1), eine Spiegelung in einem Geschäft am Vrijdagmarkt in Gent, Belgien (Bild 2), den Marktplatz mit Bürgerhäusern in Telć, Tschechien (Bild 3), die Basilius-Kathedrale am Roten Platz in Moskau, Rußland (Bild 4), den Sognefjord bei Leikanger in Norwegen (Bild 5) und die Ruine Dunboy Castle im Südwesten Irlands (Bild 6). Das Foto auf S. 8/9 zeigt die Zunfthäuser an der Grand' Place in Brüssel, Belgien.
Das Bild auf der Rückseite zeigt einen Obst- und Gemüseverkäufer auf einem Markt in Simferopol auf der Krim.

Cornelia Adam
verbrachte nach der Ausbildung zur Hotelfachfrau mehrere Jahre im Ausland. In England, Frankreich, der Schweiz und in Spanien lernte sie die Sprachen, aber auch die Landesküchen kennen. Nach diesen Auslandsaufenthalten arbeitete sie erst in der Versuchsküche und dann als Redakteurin bei einer bekannten Frauenzeitschrift. Seit 10 Jahren ist sie freie Foodjournalistin und erfolgreiche Kochbuchautorin.

FoodPhotography Eising
wird von den beiden Fotografen Susie und Pete Eising geleitet. Sie studierten an der Fachakademie für Fotodesign in München und widmeten sich schon bald nach dem Studium ihrer gemeinsamen Passion für Eßkultur und Kochkunst. 1981 gründeten sie ihr eigenes Studio für Foodfotografie. Auf zahlreichen Reisen vertieften sie ihre Kenntnisse über Küchen und Kultur anderer Länder und setzten ihre Eindrücke und Erfahrungen immer wieder neu bei der Gestaltung und Realisierung ihrer Foodaufnahmen ein. Martina Görlach gehört schon seit vielen Jahren zum Team. Bettina Gousset war zuständig für die Requisite, Tanja Major und Johannes Weidenbach für das Food-Styling. Die Aufnahmen für dieses Buch fotografierten Susie Eising und Martina Görlach auf Agfachrome 100 RS.

Susanne Strassmann
geboren 1964, studierte zunächst Kommunikations-Design in Nürnberg und besuchte dann die Kunstakademie in München. Nach ihrem Studium war sie als Grafikerin tätig und arbeitet seit 1990 als selbständige Illustratorin für zahlreiche Werbekunden und namhafte Verlage in Deutschland und auch Frankreich, wo sie seit zwei Jahren lebt.

Bildnachweis
Titelbild und Rezeptfotos: Food/Photography Eising. Die Fotografen der Bilder im Inhaltsverzeichnis, des Kapitels »Land & Leute laden ein...« und der Produktinformationen nachstehend in alphabetischer Reihenfolge:
FoodPhotography Eising, München: S. 33, 67, 73, 96.
Volkmar Janicke/jd, München: S. 11 (oben), 23.
Ándres Jauernick/jd, München: S. 12 (unten).
laif, Köln: Regina Bermes S. 22; Christoph Puschner, Rückseite.
Werner Neumeister, München: S. 18 (unten).
Hermann Rademacker, München: S. 10.
Werner Richner, Saarlouis: S. 12 (oben), 17 (oben).
Silvestris Fotoservice, Kastl: Heiner Heine S. 4/5 (Bild 4), 18 (oben), 19; Uwe Lochstampfer S. 11 (unten); Josef Lughofer S. 4/5 (Bild 3); Anton Luhr S. 4/5 (Bild 5); Otto Stadler S. 8/9; Konrad Wothe S. 20 (unten).
Paul Spierenburg, Kiel: S. 14 (oben, unten), 57.
Thomas Stankiewicz, München: S. 20 (oben), 21, 108.
Martin Thomas, Aachen: S. 4/5 (Bild 2), 16, 17 (unten), 91.
Ernst Wrba, Oberursel: S. 4/5 (Bild 1, 6), 13, 15.

Dankeschön
Ein herzliches Dankeschön allen Botschaften und Konsulaten der im Buch vorkommenden Länder, die der Autorin bei der Beschaffung von Informationen behilflich waren.
Herzlich bedanken möchten wir uns auch bei folgenden Firmen, für ihre freundliche Unterstützung bei der Bereitstellung von Requisiten:
Antiquitäten Brunsch, 80333 München, Antiquitäten Riegg, 82487 Oberammergau, A. Warnecke Hamburg, 21035 Hamburg, Böhmler, 80331 München, Hackmann Fürst GmbH, 42609 Solingen, Restaurant Isbuschka, 80469 München, Voss Marketing, 46463 Wesel

Impressum

Redaktion: Dr. Stephanie von Werz-Kovacs
Lektorat: Petra Bachmann
Versuchsküche: Renate Neis, Marianne Stadler
Illustrationen: Susanne Strassmann
Rezeptfotos: FoodPhotographie Eising
Herstellung: VerlagsService Dr. Helmut Neuberger & Karl Schaumann GmbH, Heimstetten
Gestaltung: Konstantin Kern
Kartographie: Huber
Satz (DTP): Design-Typo-Print GmbH, Ismaning
Reproduktion: Fotolito Longo, Bozen
Druck und Bindung: A. Mondadori Editore, Verona
ISBN 3-7742-2355-6

Auflage	5	4	3	2	1
Jahr	2000	99	98	97	96